Winkler · Die Sozialdemokratie
und die Revolution von 1918/19

Winkler · Die Sozialdemokratie
und die Revolution von 1918/19

# Die Sozialdemokratie und die Revolution von 1918/19

Heinrich August Winkler

# Die Sozialdemokratie und die Revolution von 1918/19

## Ein Rückblick nach sechzig Jahren

Verlag J.H.W. Dietz Nachf. GmbH
Berlin · Bonn

CIP – Kurztitelaufnahme der Deutschen Bibliothek

**Winkler, Heinrich August**
Die Sozialdemokratie und die Revolution von 1918/19
(neunzehnhundertachtzehn bis neunzehn):
e. Rückblick nach 60 Jahren/Heinrich August Winkler. –
Berlin, Bonn: Dietz, 1980, 2., korrigierte Aufl. –
ISBN 3-8012-0037-X


Herstellung: Göttinger Druck- und Verlags GmbH
Printed in Germany 1980

## Vorbemerkung

Wenige Ereignisse der neueren deutschen Geschichte sind bis heute so umstritten geblieben wie die Revolution von 1918/19. In den 50er Jahren schien sich in der nichtkommunistischen Geschichtsschreibung ein gewisser Konsens herauszubilden. Er fand seinen prägnantesten Ausdruck in der These Karl Dietrich Erdmanns, es sei 1918/19 um eine klare Alternative gegangen, nämlich entweder „die soziale Revolution im Bund mit den auf eine proletarische Diktatur hindrängenden Kräften oder die parlamentarische Republik im Bund mit konservativen Kräften wie dem alten Offizierskorps"[1]. In der Zwischenzeit sind jedoch gegen

Der vorliegende Aufsatz ist die erweiterte Fassung eines Vortrages, der aus Anlaß der 60. Wiederkehr der deutschen Revolution von 1918/19 am 3. November 1978 im Forschungsinstitut der Friedrich-Ebert-Stiftung in Bonn gehalten wurde. Eine frühere Version des Textes wurde am 22. März 1978 in einem Colloquium des Woodrow Wilson International Center for Scholars in Washington, D.C., vorgetragen. Für kritische Kommentare danke ich vor allem Gerald D. Feldman, James F. Harris, Charles S. Maier und Hans Rosenberg.

1 K.D. Erdmann, Die Geschichte der Weimarer Republik als Problem der Wissenschaft, in: Vierteljahrshefte für Zeitgeschichte (VfZ) 3. 1955, 1-19 (das Zitat: 7). Auf die an dieser These geübte Kritik geht Erdmann ein in: Die Zeit der Weltkriege (= B. Gebhardt, Handbuch der deutschen Geschichte, Bd. 4/1), Stuttgart 1973[9], 166 f.

diese Interpretation soviele Einwände vorgebracht worden, daß das zitierte Verdikt nicht mehr als herrschende Lehre gelten kann. Dieses Prädikat kommt eher der revisionistischen Auffassung zu, daß die wirkliche Alternative zur „Weimarer Lösung" schon deswegen nicht im Kommunismus liegen konnte, weil dieser in den ersten Monaten nach Kriegsende noch keine Massenbasis hatte. Vielmehr sei es um grundlegende Veränderungen der überkommenen Machtstruktur gegangen, die mit Hilfe der anfangs überwiegend sozialdemokratisch orientierten Rätebewegung durchzusetzen gewesen wären, wenn die Führer der Mehrheitssozialdemokraten dies nur gewollt hätten[2]. In Übereinstimmung mit Arthur Rosenberg, der 1935 als erster Historiker die Position des „dritten Weges" umrissen hat, messen die meisten revisionistischen Autoren den Versäumnissen und Fehlentscheidungen der Gründungsphase eine für das weitere Schicksal der Weimarer Republik verhängnisvolle Bedeutung bei[3].

Die neuere Forschung hat das empirische Fundament, von dem aus heute Urteile über die Revolution von 1918/19 abgegeben werden können, erheblich erweitert. Einigen Fragen aber, von deren Beantwortung die

2 Zur „revisionistischen" Interpretation vor allem: W. Tormin, Zwischen Rätedikatur u. sozialer Demokratie, Düsseldorf 1954; E. Matthias, in: Die Regierung der Volksbeauftragten 1918/19, 2 Bde., Düsseldorf 1969, Bd. 1, XV-CXXXI; E. Kolb, Die Arbeiterräte in der deutschen Innenpolitik 1918-1919, Düsseldorf 1962; P. v. Oertzen, Betriebsräte in der Novemberrevolution, Düsseldorf 1963[1]; R. Rürup, Probleme der Revolution in Deutschland 1918/19, Wiesbaden 1968; U. Kluge, Soldatenräte u. Revolution. Studien zur Militärpolitik in Deutschland 1918/19, Göttingen 1975.

3 A. Rosenberg, Geschichte der deutschen Republik, Karlsbad 1935[1] (Neuausgabe: Frankfurt 1955 u.ö.).

Durchschlagskraft solcher historischen Urteile entscheidend abhängt, ist bislang noch nicht systematisch genug nachgegangen worden. *Erstens:* Gab es besondere historische Bedingungen, die den Erfolg einer Revolution in Deutschland 1918/19 von vornherein erschwerten? *Zweitens:* Welche gesellschaftlichen und politischen Veränderungen wären 1918/19 zugleich einer vorsorglichen Festigung der parlamentarischen Demokratie dienlich *und* unter den gegebenen Umständen durchsetzbar gewesen? *Drittens:* Inwieweit kann das Verhalten der damals Verantwortlichen, in erster Linie also der führenden Sozialdemokraten, aus ihren besonderen politischen Traditionen heraus erklärt werden?

Im folgenden sollen diese drei Fragen der Reihe nach erörtert werden. Im Vordergrund stehen dabei die Wochen vom 9. November 1918 bis zum 19. Januar 1919, die Zeit vom Sturz der Monarchie bis zur Wahl der deutschen Nationalversammlung. In diesem kurzen Zeitraum wurden jene Basiskompromisse geschlossen, die für die Weimarer Republik konstitutiv werden sollten. Die Revolutionsperiode selbst war mit dem 19. Januar 1919 noch keineswegs abgeschlossen. Die Zeit der revolutionären Kämpfe dauerte fort bis zum Ruhrkrieg im Frühjahr 1920, der größten proletarischen Massenaktion in Deutschland überhaupt, die durch den Kapp-Putsch ausgelöst worden war. Das Ziel dieses Umsturzversuches von rechts wie der folgenden Erhebung von links war die Revision der Ergebnisse der ersten Phase der Revolution – wobei natürlich eine Revision in jeweils gegensätzlicher Richtung angestrebt wurde. Da alle diese Versuche scheiterten, scheint es gerechtfertigt, wenn wir uns für den Zweck dieser Studie auf die ersten zehn Wochen der Republik konzentrieren[4].

4 Zur Periodisierung der Revolution vgl. G. D. Feldman, E. Kolb, R. Rürup, Die Massenbewegungen der Arbeiterschaft in Deutschland am Ende des Weltkrieges, in: Politische Vierteljahresschrift (PVS) 13. 1972, 84-105, sowie neuerdings W.J. Mommsen, Die deutsche Revolution 1918-1920, in: Geschichte u. Gesellschaft (GG) 4. 1978, 362-91. Mommsen betont mit Recht, daß erst die Massenkämpfe vom Frühjahr 1920 die revolutionäre Periode der Weimarer Republik abschlossen. Ob man deswegen von einer „deutschen Revolution 1918-1920" sprechen muß, scheint mir aber zweifelhaft. Die Französische Revolution von 1789 endete auch nicht in dem Jahr, in dem sie begann. Für die russische Oktoberrevolution von 1917 gilt Entsprechendes. Für eine rigorose Ablehnung des Begriffs „Novemberrevolution" sehe ich daher keinen zwingenden Grund. Der Begriff „Deutsche Revolution von 1918/19", den ich bevorzuge, wird dem Umstand gerecht, daß die Periode der revolutionären Legitimation der Zentralgewalt bis in das Jahr 1919 hineindauerte – genau gesagt, bis zum 11. Februar 1919, an dem die Deutsche Nationalversammlung Ebert zum vorläufigen Reichspräsidenten wählte. Die Phase der revolutionären Legitimation der Zentralgewalt markiert die deutsche Revolution im engeren Sinn. Die erfolglosen Revisionsversuche der folgenden dreizehn Monate – von den regionalen Räterepubliken über die großen Streiks vom Frühjahr 1919 und den Kapp-Putsch bis zum Ruhrkrieg – waren Epiphänomene dieses Vorgangs.

# I. Der Fortschritt als Fessel: Industrielle Gesellschaft und demokratische Revolution

In der Geschichtsschreibung der DDR wird die Novemberrevolution seit 1958 als eine „bürgerlich-demokratische Revolution" eingeschätzt, „die in gewissem Umfang mit proletarischen Mitteln und Methoden durchgeführt wurde"[5]. Die Kennzeichnung „bürgerlich-demokratisch" zielt auf die Ergebnisse, nicht auf die sozialen Träger der Revolution. Würde die Revolution als proletarisch oder sozialistisch charakterisiert, so hieße das, eine solche Revolution auch ohne eine entwickelte und schlagkräftige kommunistische Partei, die es zum Zeitpunkt des Novemberumsturzes in Deutschland ja noch nicht gab, für möglich zu erklären. Diese unerwünschte Konsequenz läßt sich vermeiden, wenn man zwischen „objektiven" und „subjektiven" Faktoren in der Revolution unterscheidet. Objektiv, so lautet die marxistisch-leninistische These, war Deutschland reif für eine sozialistische Revolution. Seine technologische, wirtschaftliche und gesellschaftliche Entwicklung versetzte die Arbeiterklasse in die Lage, das System der

5 W. Ulbricht, Über den Charakter der Novemberrevolution, in: Zeitschrift für Geschichtswissenschaft (ZfG) 6. 1958, 717-29 (das Zitat: 717). Vgl. ferner insbes. die Thesen des Zentralkomitees der SED über die November-Revolution 1918 in Deutschland, in: ZfG 6. 1958, Sonderheft, 6-23; Geschichte der deutschen Arbeiterbewegung, hg. vom Institut f. Marxismus-Leninismus beim ZK der SED, Bd. 3 Berlin (O) 1966, 197 f. Zur Diskussion über die Revolution von 1918/19 in der DDR: A. Decker, Die Novemberrevolution u. die Geschichtswissenschaft in der DDR, in: Internationale Wissenschaftliche Korrespondenz zur Geschichte der deutschen Arbeiterbewegung (IWK) 10. 1974, 269-99; L. Winckler, Die Novemberrevolution in der Geschichtsschreibung der DDR, in: Geschichte in Wissenschaft u. Unterricht 21. 1970, 216-34.

kapitalistischen Ausbeutung zu beseitigen. Subjektiv aber fehlte ein entscheidender Faktor: eine wahrhaft leninistische Partei. Der Spartakusbund, der organisatorische Vorläufer der späteren KPD, muß insofern kritisiert werden, als er nicht schon sehr viel früher seine Bande zur USPD gelöst hat, zu der er nominell bis zur Gründung der KPD Ende Dezember 1918 gehörte.
Das Argument, daß eine Revolution bolschewistischen Typs nicht möglich ist ohne eine bolschewistische Partei, ist zwingend. Weniger zwingend ist es, das Fehlen einer solchen Partei unter „subjektiven Faktoren" zu verbuchen. Lenins Partei spiegelte die spezifischen politischen Strukturen des zarischen Rußland wider. Ein autoritärer Polizeistaat mußte den Typ der illegalen Verschwörergruppe erzeugen, dem die bolschewistische Partei zugehört. Für die deutsche Arbeiterbewegung konnte dieser Parteityp nicht zum Vorbild werden. Das kaiserliche Deutschland war zwar weit davon entfernt, eine Demokratie westlicher Prägung zu sein. Aber der Prozeß der partiellen Demokratisierung war in diesem Land doch schon weit genug gegangen, um die Herausbildung einer revolutionären Arbeiterbewegung russischen Musters strukturell unmöglich zu machen. Das 1867 im Norddeutschen Bund, 1871 im Deutschen Reich eingeführte allgemeine und gleiche Wahlrecht versetzte die Sozialdemokratie in die Lage, zur demokratischen Massenbewegung der Industriearbeiterschaft zu werden. Kommunale Selbstverwaltung und föderative Struktur des Deutschen Reiches boten politische Entfaltungschancen, die der russischen Arbeiterbewegung gänzlich fehlten. Nach der Nichtverlängerung des Sozialistengesetzes im Jahr 1890 erhielten die parlamentarisch-pragmatischen Tendenzen in Sozialdemo-

kratie und freien Gewerkschaften kräftigen Auftrieb. Gewiß war dies nur die eine Seite der Medaille: Die Verfassungswirklichkeit des Deutschen Reiches förderte, worauf zurückzukommen ist, den Dualismus zwischen praktischer Reformpolitik und theoretischem Dogmatismus. Aber im Vergleich zu Rußland gilt, daß der Reformismus der deutschen Arbeiterbewegung dem relativ höheren Maß an politischer Freiheit in Deutschland entsprach.

Die sozialökonomischen Unterschiede zwischen Deutschland und Rußland taten das Ihre, um unterschiedliche Typen von Arbeiterbewegung hervorzubringen. In Deutschland gab es kein landhungriges und unterdrücktes Bauerntum wie in Rußland, wo diese Schicht einen unentbehrlichen und, rein quantitativ, den wichtigsten Teil der Massenbasis – und sei es nur einer tolerierenden Massenbasis – der Oktoberrevolution stellte. Die deutschen Bauern bildeten dank der Agrarreformen des frühen und des Protektionismus des späten 19. Jahrhunderts im ganzen ein konservatives Element. Im Gegensatz zu Rußland war Deutschland zu Beginn des 20. Jahrhunderts ein hochindustrialisiertes Land mit einem wirtschaftlich mächtigen Großbürgertum. Die materielle Situation der deutschen Arbeiter hatte sich vor 1914 dank realer Lohnsteigerungen und staatlicher Sozialpolitik in einem Maß verbessert, das nicht ohne Auswirkungen auf das politische Bewußtsein des Proletariats bleiben konnte: Es fühlte, daß es mehr zu verlieren hatte als nur seine Ketten. Die russische Arbeiterbewegung war, um das Gesagte zusammenfassen, ein Ausdruck der sozialökonomischen und politischen Rückständigkeit Rußlands; die deutsche Arbeiterbewegung spiegelte die relativ fortgeschrittene Stellung Deutschlands, in wirtschaftlicher und sozialer wie in politischer Hinsicht, wider[6].

So paradox es klingt: Dieselben Gründe, die einer Revolution sowjetischen Typs in Deutschland entgegenstanden, machten es auch unmöglich, daß Deutschland dem Beispiel der klassischen Revolutionen des Westens, etwa der Amerikanischen Revolution von 1776 oder der Französischen Revolution von 1789, folgte. Die erfolgreichen „bürgerlichen" Revolutionen – erfolgreich in dem Sinne, daß sie dem absolutistischen Herrschafts-

6 Die klassische Studie über die historischen Zusammenhänge zwischen agrarischen Strukturen und Revolutionen (und Konterrevolutionen) ist B. Moore, jr., Social Origins of Dictatorship and Democracy. Lord and Peasant in the Making of the Modern World, Boston 1966 (dt.: Soziale Ursprünge von Diktatur und Demokratie, Frankfurt 1969). Vgl. zum gleichen Problem auch den ausgezeichneten Aufsatz von T. Skocpol, France, Russia, China: A Structural Analysis of Social Revolutions, in: Comparative Studies in Society and History 88. 1976, 175-210. Zur Rolle der Bauern in den russischen Revolutionen von 1917 siehe J.L.H. Keep, The Russian Revolution. A Study in Mass Mobilization, London 1976. Die besten Studien über die Strukturen der russischen und der deutschen Arbeiterbewegung vor 1914 sind: D. Geyer, Lenin in der russischen Sozialdemokratie. Die Arbeiterbewegung im Zarenreich als Organisationsproblem der revolutionären Intelligenz 1890-1903, Köln 1962; G.A. Ritter, Die Arbeiterbewegung im Wilhelminischen Reich. Die Sozialdemokratische Partei u. die Freien Gewerkschaften 1890-1900, Berlin 1963. Zur vergleichenden Analyse der inneren Entwicklung Deutschlands u. Rußlands im Ersten Weltkrieg: G. Schramm, Militarisierung u. Demokratisierung: Typen der Massenintegration im Ersten Weltkrieg, in: Francia 3. 1975, 476-97; ders.; Die russische Armee als politischer Faktor vor der Februarrevolution (1914-1917), in: Militärgeschichtliche Mitteilungen 18. 1975, 33-62. Zu den Rückwirkungen der russischen Oktoberrevolution auf Deutschland: H. Neubauer (Hg.), Deutschland u. die russische Revolution, Stuttgart 1968. Zur Typologie der internationalen Arbeiterbewegung: H. Mommsen, Artikel „Arbeiterbewegung", in: Sowjetsystem u. Demokratische Gesellschaft, Bd. I, Freiburg 1966, 273-313.

system und/oder der feudalen Gesellschaftsordnung für immer den Boden entzogen – hatten *vor* der Industriellen Revolution stattgefunden. Der Dritte Stand fühlte sich zu dieser Zeit noch nicht von einem klassenbewußten Proletariat herausgefordert. Die Bourgeoisie konnte der zutreffenden Beobachtung von Marx und Engels zufolge „ihre eigene Herrschaft nicht erkämpfen, ohne vorläufig das gesamte Volk zum Bundesgenossen zu haben, ohne daher mehr oder minder demokratisch aufzutreten“[7]. Die historische Vorbedingung für dieses relative Recht des Bürgertums, die Nation als Ganzes zu repräsentieren, war die Tatsache, daß die Grundaristokratie zunehmend jene Funktionen eingebüßt hatte, die die Basis ihrer politischen Privilegien gebildet hatten. Die Schaffung der stehenden Heere entzog dem Schwertadel den Daseinsgrund; für die zivilen Leitungsaufgaben im Staat war adlige Abstammung als Qualifikation prinzipiell kein Erfordernis; und im Zeichen eines wachsenden Welthandels, von Hausindustrie und Manufakturen hatte das Bürgertum den Adel wirtschaftlich schon längst überrundet. Am Vorabend der Französischen Revolution hatte der Feudaladel keine gesellschaftlich notwendigen Funktionen mehr inne, welche die Bourgeoisie nicht ebenso gut oder besser hätte wahrnehmen können. Insoweit haben Marx und Engels die Aristokratie des späten Ancien régime mit Recht als sozial überflüssig bezeichnet.

Aber diese Konstellation war historisch einmalig. Im Gegensatz zu den Erwartungen von Marx und Engels wiederholte sie sich nicht auf der nächsten Stufe der

7 Marx-Engels-Werke (MEW), Berlin (O) 1959 ff., Bd. 5, 249 (Der Bürgerwehrgesetzentwurf [1848]).

sozialen Evolution, wie sie die Väter des „wissenschaftlichen Sozialismus“ gedanklich entworfen hatten. Nicht das Proletariat übernahm die Funktionen, welche die frühen industriellen Unternehmer aufgaben, sondern die neue Gruppe der Manager. Diese Schicht, die ihre Existenz der Trennung zwischen dem Besitz an den Produktionsmitteln und der Kontrolle der Produktion verdankte, konnte weder subjektiv noch objektiv als Teil der Arbeiterklasse gelten. Im Unterschied zum Dritten Stand kam der Vierte Stand niemals in die Lage, die Macht einer funktionslos gewordenen Klasse zu erben[8].

Als Folge der gesamten gesellschaftlichen Entwicklung seit der Industriellen Revolution konnte sich keine einzelne Klasse mehr mit der Nation insgesamt gleichsetzen. Die Wirklichkeit der modernen Klassengesellschaft war unvereinbar mit der vorindustriellen Idee eines „allgemeinen Standes“. Damit entfiel zugleich die wesentliche Vorbedingung der „bürgerlichen“ Revolution. Das Scheitern der Revolution von 1848/49 in Mitteleuropa und die Kurzlebigkeit ihres Triumphs in Frankreich haben im Bewußtwerden des Gegensatzes zwischen Bürgertum und Proletariat einen ihrer tieferen Gründe.

Auf einen anderen wesentlichen Unterschied zwischen einer vorindustriellen und einer industriellen Gesellschaft hat vor allem Richard Löwenthal hingewiesen: die qualitativ neuen Funktionen des Staates. Solange der Staat nur als Nachtwächter im Sinne von Adam

8 Ausführlicher hierzu mein Aufsatz: Zum Verhältnis von bürgerlicher u. proletarischer Revolution bei Marx u. Engels, in: H.A. Winkler, Revolution, Staat, Faschismus. Zur Revision des Historischen Materialismus, Göttingen 1978, 8-34.

Smith auftritt, ist es verhältnismäßig einfach, die Inhaber der politischen Gewalt durch eine Volksrevolution zu stürzen. Selbst in einem autoritären Polizeistaat muß, soweit die Gesellschaft noch überwiegend agrarisch geprägt ist, eine revolutionäre Auswechslung der Machthaber nicht notwendig ein soziales und wirtschaftliches Chaos zur Folge haben. In einer hochindustrialisierten Gesellschaft ist die Situation völlig anders. Die Mehrheit der Bevölkerung ist von den Dienstleistungen des Staates und der Kommunen so existentiell abhängig, daß ein Zusammenbruch des öffentlichen Dienstes unvermeidlich das Leben der Gesellschaft insgesamt lähmen muß. Je höher entwickelt eine Gesellschaft ist, desto größer ist auch ihr Bedarf an administrativer Kontinuität. Unter Hinweis auf Entsprechungen in der Biologie hat Eduard Bernstein schon 1921 die These aufgestellt, je weniger ausgebildet Staaten seien, umso leichter vertrügen sie Maßnahmen, die auf ihre radikale Umbildung abzielten. „Je vielseitiger aber ihre innere Gliederung, je ausgebildeter die Arbeitsteilung und das Zusammenarbeiten ihrer Organe bereits sind, umso größer die Gefahr schwerer Schädigung ihrer Lebensmöglichkeiten, wenn versucht wird, sie mit Anwendung von Gewaltmitteln in kurzer Zeit in bezug auf Form und Inhalt radikal umzubilden"[9].

9 E. Bernstein, Die deutsche Revolution. Geschichte der Entstehung u. ersten Arbeitsperiode der deutschen Republik, Berlin 1921, 172. Zum gleichen Problem, den strukturellen Hindernissen für demokratische Revolutionen in industrialisierten Gesellschaften, neuerdings neben O. Kirchheimer, The Conditions of Revolutionary Power, in: L. Krieger u. F. Stern (Hg.), The Responsibility of Power. Historical Essays in Honor of Hajo Holborn, London 1968, 416-438, vor allem: R. Löwenthal, Einleitung zu: G. Eliasberg, Der

Rosa Luxemburg irrte sich, als sie am 31. Dezember 1918 auf dem Gründungsparteitag der KPD meinte, „geführt durch den Gang der historischen Dialektik und bereichert um die ganze inzwischen zurückgelegte siebzigjährige kapitalistische Entwicklung", stünde man nun wieder an der Stelle, „wo Marx und Engels 1848 standen, als sie zum ersten Mal das Banner des internationalen Sozialismus aufrollten. Siebzig Jahre der großkapitalistischen Entwicklung haben genügt, um uns so weit zu bringen, daß wir Ernst machen können, den Kapitalismus aus der Welt zu schaffen"[10]. In Wirklichkeit hatte die wirtschaftliche und gesellschaftliche Entwicklung den totalen revolutionären Bruch mit der Vergangenheit unmöglich gemacht.

Viel realistischer als Rosa Luxemburg hat Heinrich Ströbel, 1918/19 ein führender Repräsentant des rechten Flügels der USPD, diesen Sachverhalt und damit zugleich die strukturellen Unterschiede zwischen Deutschland und Rußland erkannt. Es war ganz im Sinne der Einsichten Bernsteins, wenn er 1920 schrieb: „Die Rätediktatur und die sofortige Vollsozialisierung waren in Deutschland völlig ausgeschlossen, und es war eine verhängnisvolle Verkennung der ökonomischen und politischen Möglichkeiten, daß die äußerste prole-

Ruhrkrieg von 1920, Bonn-Bad Godesberg 1974, X-XXI (auch in: ders., Sozialismus u. aktive Demokratie, Frankfurt 1974, 97-115); ders., Demokratische u. totalitäre Revolution, in: Der Monat 13. 1960 (Nr. 146), 29-40.

10 H. Weber (Hg.), Der Gründungsparteitag der KPD. Protokoll u. Materialien, Frankfurt 1969, 180. Rosa Luxemburg hob in diesem Zusammenhang ausdrücklich hervor, daß die Selbstkorrektur des späten Engels – er und Marx hätten 1848/49 den Reifegrad der kapitalistischen Entwicklung beträchtlich überschätzt – durch ebendiese Entwicklung inzwischen überholt sei.

tarische Linke sich einbildete, das russische Vorbild ohne weiteres in Deutschland nachahmen zu können. Das Agrarland Rußland, in dem nur ein Zehntel des Volkes von der Industrie lebt, vermochte auch eine zeitweilige Lähmung und Zerrüttung seiner industriellen Produktion zu ertragen, ohne daß es zur Katastrophe kam. Die beschäftigungslosen Arbeiter fanden auf dem platten Lande oder aber in der Roten Armee Unterschlupf. In Deutschland aber leben zwei Drittel des Volkes von der Industrie und dem Handel – und wovon hätten sie existieren, wo hätten diese mehr als 40 Millionen bleiben sollen, wenn eine übereilte planlose Sozialisierung der Produktion die ganze industrielle Maschinerie ins Stocken gebracht hätte?"[11].

Wenn mithin der Grad der *Industrialisierung* die Chancen einer Revolution à la 1789 verringerte, so wirkte der Grad der *Demokratisierung* in derselben Richtung. Die großen westeuropäischen Revolutionen – nicht nur die französische von 1789, sondern auch die englische des 17. Jahrhunderts – hatten eine Phase des Terrors durchlaufen, in der die Gegner des neuen Regimes rücksichtslos unterdrückt wurden. So langwierig und verschlungen die Wege zur Massendemokratie waren, die von diesen historischen Gabelungen ausgingen: In beiden Fällen bedeuteten die Revolutionen wenigstens keine Verminderung des bereits erreichten Grades an politischer Partizipation. In Deutschland gab es am 9. November 1918 nicht nur auf Reichsebene seit einem halben Jahrhundert das allgemeine Wahlrecht, sondern seit knapp zwei Wochen auch ein parlamen-

11 H. Ströbel, Die Deutsche Revolution. Ihr Unglück u. ihre Rettung. Berlin o.J. (Vorwort: 1920), 172.

tarisches Regierungssystem. Am Vorabend des politischen Umsturzes war also der Grad der Demokratisierung für eine „westliche" Revolution bereits zu hoch. Gewöhnt an das allgemeine Reichstagswahlrecht, wäre eine Phase der revolutionären Diktatur der überwältigenden Mehrheit der Deutschen als Verlust und nicht als Gewinn an Partizipation, als Rückschritt und nicht als Fortschritt erschienen. Diejenigen Kräfte, die seit langem eine Demokratisierung des politischen Systems gefordert hatten, die Sozialdemokraten in vorderster Front, würden ihre Glaubwürdigkeit verloren haben, hätten sie diesem Programm 1918 auch nur vorübergehend abgeschworen. Was Rudolf Stadelmann für das Deutschland des Aufgeklärten Absolutismus gesagt hat, gilt auch für das Deutschland von 1918: „Nicht die deutsche Reaktion, sondern der deutsche Fortschritt hat Deutschland gegenüber dem Westen zurückgeworfen"[12].

12 R. Stadelmann, Deutschland u. die westeuropäischen Revolutionen, in: ders., Deutschland u. Westeuropa, Laupheim 1948, 11-34 (das Zitat: 28).

# II. Wünschbare und mögliche Eingriffe: Chancen der Demokratisierung 1918/19

Der Regierung der Volksbeauftragten mußten sich im November 1918 zwei Aufgaben stellen: *Erstens* galt es, die unmittelbaren Nöte des Tages zu bewältigen, und *zweitens* ging es um die vorsorgliche Sicherung der erstrebten parlamentarischen Demokratie. Die deutsche Revolutionsregierung hat bekanntlich nur die erste Aufgabe angepackt und gelöst. Sie hat den Zusammenbruch des Wirtschaftslebens und der Verwaltung verhindert, die Demobilmachung zügig vorangetrieben und die Einheit des Reiches bewahrt. All dies wäre ohne ein Zusammenwirken mit den alten Funktionsträgern in Militär, Bürokratie und Wirtschaft nicht möglich gewesen. Dieser Kooperation aber fiel die Lösung der zweiten Aufgabe zum Opfer. War diese Entwicklung unvermeidbar?

Die parlamentarische Demokratie von Weimar hätte ein solideres Fundament gehabt, wenn es 1918/19 gelungen wäre, einige der Bastionen zu schleifen, die in den Händen von entschiedenen Gegnern der Demokratisierung waren. Dazu gehörten nach den Erfahrungen des Kaiserreiches erhebliche Teile des Offizierskorps, des hohen Beamtentums und der Justiz. Dazu waren ferner zu rechnen der ostelbische Rittergutsbesitz und die Schwerindustrie, die sich erstmals 1879 im Zeichen der Bismarckschen Schutzzollpolitik zum gemeinsamen Kampf gegen wirtschaftlichen Liberalismus und politische Demokratisierung zusammengefunden und diesen Bund, trotz mancher Interessengegensätze, immer wieder erneuert hatten. Wenn eine Entmachtung offenkundiger Gegner der Demokratie der Sicherung dieser Demokratie gedient hätte, so bleibt

doch erst noch zu prüfen, in welchem Umfang solche strukturellen Eingriffe unter den konkreten Bedingungen der Zeit zwischen November 1918 und Januar 1919 möglich waren. Fragen wir zunächst nach dem sozialen Potential, das einer Politik der präventiven Demokratisierung zur Verfügung gestanden hätte.
Aus der Meuterei der Marinemannschaften von Ende Oktober 1918, die ihrerseits eine Reaktion auf die Meuterei der Seekriegsleitung gegen die neue parlamentarische Reichsführung war[13], wäre keine Revolution geworden, wenn nicht der Krieg die gesellschaftlichen Grundlagen des kaiserlichen Obrigkeitsstaates fortschreitend untergraben hätte. Wenn man die lückenhaften Befunde der sozialgeschichtlichen Forschung in idealtypischer Absicht knapp zusammenfaßt, ergibt sich folgendes Bild. In der Arbeiterklasse war die Distanz zum autoritären System des Kaiserreiches angesichts langjähriger politischer Diskriminierung und einer „volksmarxistischen" Kollektivmentalität besonders ausgeprägt. Die Burgfriedensstimmung vom August 1914 war nur solange gewährleistet, als militärische Erfolge auf ein baldiges Kriegsende hoffen ließen und einen gewissen psychologischen Ausgleich für ma-

13 W. Deist, Die Politik der Seekriegsleitung u. die Rebellion der Flotte Ende Oktober 1918, in: VfZ 14. 1966, 341-68. Deist belegt überzeugend, daß die von der Seekriegsleitung geplante „Todesfahrt" der Hochseeflotte gegen England politisch als Demonstration gegen die friedenswillige, von der Mehrheit des Reichstages getragene Koalitionsregierung des Prinzen Max von Baden gedacht war. Insofern kam der Vorstoß der Seekriegsleitung einem konterrevolutionären Staatsstreich gegen die „Revolution von oben", das am 3. Oktober 1918 de facto, am 28. Oktober 1918 de jure eingeführte parlamentarische Regierungssystem, gleich. Vgl. hierzu auch W. Sauer, Das Scheitern der parlamentarischen Monarchie, in E. Kolb (Hg.), Vom Kaiserreich zur Weimarer Republik, Köln 1972, 77-99.

terielle Entbehrungen boten. Die Unzufriedenheit mit den herrschenden Zuständen war – trotz relativ hoher Löhne – in der Rüstungsindustrie am größten. Das lag vor allem daran, daß die dort tätigen Arbeiter häufig erst während des Krieges in ihre neue räumliche und berufliche Umwelt versetzt worden waren. Dem disziplinierenden Einfluß von Gewerkschaften und Sozialdemokratischer Partei unterlagen solche Arbeiter in geringerem Maß als Werktätige, die nach 1914 in ihren angestammten Betrieben verblieben waren. Das Gefühl der Entfremdung bei den vor 1918 gewerkschaftlich nicht organisierten Arbeitern hat auch im Radikalismus der Nachkriegsjahre eine hervorstechende Rolle gespielt. Aus diesen Schichten rekrutierten sich zu einem guten Teil – zumal im Bergbau – die zeitweise starken syndikalistischen und linkskommunistischen Vereinigungen. Der Gegensatz zwischen ihnen und den freien Gewerkschaften ist nur auf dem Hintergrund der von diesen praktizierten engen Zusammenarbeit mit den Unternehmerverbänden zu verstehen – einer Zusammenarbeit, die im Krieg begann, aber erst nach Kriegsende ihren Höhepunkt erreichte[14].

14 Hierzu bes. S. Miller, Burgfrieden u. Klassenkampf. Die deutsche Sozialdemokratie im Ersten Weltkrieg, Düsseldorf 1974; G.D. Feldman, Army, Industry and Labor in Germany 1914-1918, Princeton 1966; J. Kocka, Klassengesellschaft im Krieg. Deutsche Sozialgeschichte 1914-1918, Göttingen 1978[2]; H.M. Bock, Syndikalismus u. Linkskommunismus von 1918-1923, Meisenheim 1969; D.W. Morgan, The Socialist Left and the German Revolution. A History of the Independent Social Democratic Party, 1917-1922, Ithaca 1975, 55 ff.; H. Krause, USPD. Zur Geschichte der Unabhängigen Sozialdemokratischen Partei Deutschlands, Frankfurt 1975, 181 ff.; R.F. Wheeler, USPD u. Internationale. Sozialistischer Internationalismus in der Zeit der Revolution, Frankfurt 1975, bes. 161; G. Kalmer, Die „Massen“

Die Unzufriedenheit mit dem politischen System ging jedoch weit über die Arbeiterschaft hinaus. Es ist zwar eine unzulässige Übertreibung, wenn in neueren Arbeiten die Mittelschichten gelegentlich als die vom Staat am meisten enttäuschte Gruppe, ja als der eigentliche soziale Träger der Revolution porträtiert werden[15]. Aber es gibt durchaus Anzeichen für ein allmähliches Zerbröckeln jener Loyalität, die das Gros der selbständigen und unselbständigen Mittelschichten an die Monarchie in Reich und Einzelstaaten gebunden hatte. Teile der Angestellten (die ebenso wie die Beamten dem „neuen Mittelstand" zugerechnet wurden) begannen sich während des Krieges verstärkt als Arbeitnehmer zu fühlen, die mit den Industriearbeitern gemeinsame materielle Interessen hatten. Der große Durchbruch der linken Angestelltengewerkschaften erfolgte

in der Revolution 1918/19. Die Unterschichten als Problem der Revolutionsforschung, in: Zeitschrift für bayerische Landesgeschichte 34. 1971, 316-57; R.A. Comfort, Revolutionary Hamburg. Labor Politics in the Early Weimar Republic, Stanford 1966, bes. 91 ff.; E. Lederer, Die Gewerkschaftsbewegung 1918/19 u. die Entfaltung der wirtschaftlichen Ideologien in der Arbeiterklasse, in: Archiv für Sozialwissenschaft u. Sozialpolitik (ASS) 47. 1920/21, 219-69 (Hinweise auf revolutionäre Radikalisierung ehedem wirtschaftsfriedlicher „gelber" Arbeiter im Bergbau).

15 Diese These findet sich in den ansonsten kenntnisreichen Arbeiten von K.L. Ay, Die deutsche Revolution 1914-1948, Bemerkungen über gesellschaftlichen Wandel u. Epochenbegriff, in: ZbL 36. 1973, 877-96; ders., Die Entstehung einer Revolution. Die Volksstimmung in Bayern während des Ersten Weltkrieges, Berlin 1968, bes. 97-102. Ganz unhaltbar ist die These Ays, daß die USPD als eine Protestpartei der Mittelschichten entstanden sei („Die USPD ist eine Partei von Angehörigen des Mittelstandes, die sich an den Arbeiter wenden" [ebd., 102]); ders., Volksstimmung u. Volksmeinung als Voraussetzungen der Münchener Revolution von 1918, in: K. Bosl (Hg.), Bayern im Umbruch. Die Revolution von 1918, ihre Voraussetzungen, ihr Verlauf u. ihre Folgen, München 1969, 345-86.

jedoch erst nach dem Novemberumsturz. Bei der plötzlichen und, wie sich zeigen sollte, oberflächlichen Linksschwenkung vieler Angestellten 1918/19 dürfte auch ein erhebliches Maß opportunistischer Anpassung an die neuen Gewalten im Spiel gewesen sein[16]. In freilich sehr abgeschwächter Form kann man auch bei den unteren und mittleren Beamten von einer gewissen Linksschwenkung in Kriegs- und Revolutionszeit sprechen[17]. Bei den Kerngruppen des „alten Mittelstandes", Handwerkern und kleinen Kaufleuten, waren Höchstpreise, wirkliche oder vermeintliche Benachteiligung bei Rohstoffzuteilung und Kriegsaufträgen sowie die weitgehende Ausschaltung des Zwischenhandels Ursachen wachsender Staatsverdrossenheit[18]. Die Bauern, die weniger als die anderen gesellschaftlichen Gruppen unter Hunger litten, klagten über Arbeitsüberhäufung und Arbeitskräftemangel, über zu niedrige Erzeugerpreise und das Hamsterunwesen[19].

16 Kocka, bes. 71-85; H. Speier, Die Angestellten vor dem Nationalsozialismus. Ein Beitrag zum Verständnis der deutschen Sozialstruktur 1918-1933, Göttingen 1977, 124-44; E. Lederer, Die Bewegung der Privatangestellten seit dem Herbst 1918, die Entwicklung der Organisationen, die Gestaltung der Lebenshaltung u. der Besoldung, die Umformung des sozialen Habitus u. der Ideologien, in: ASS 47. 1920/21, 585-619.

17 Dazu G. Kalmer, Beamtenschaft u. Revolution. Eine sozialgeschichtliche Studie über Voraussetzungen u. Wirklichkeit des Problems, in: Bosl (Hg.), 201-62. Auf das gleiche Problem wird demnächst A. Kunz in seiner von G.D. Feldman (University of California, Berkeley) betreuten Dissertation über die Politik der Beamtenverbände in der Weimarer Republik eingehen.

18 H.A. Winkler, Mittelstand, Demokratie u. Nationalsozialismus. Die politische Entwicklung von Handwerk u. Kleinhandel in der Weimarer Republik, Köln 1972, 26-28, 61-70.

19 Ay, Entstehung, 109-22. Zur Volksstimmung im Ersten Weltkrieg vgl. insgesamt W. Deist (Hg.), Militär u. Innenpolitik im Weltkrieg 1914-1918. 2 Bde., Düsseldorf 1970.

Aus allen sozialen Schichten stammten die Soldaten. So kriegsmüde die meisten von ihnen waren – die Unzufriedenheit mit dem bestehenden System wurde in der Etappe und in der Heimat früher und lauter geäußert als an der Front. Was Gottfried Schramm für Rußland festgestellt hat, gilt auch für Deutschland: „Der graue Alltag in den Städten mit Teuerung und Hunger, mit Kälte und Sorge erbittert mehr als die ständige Nähe des Todes und alle Unwirtlichkeit der Schützengrabenexistenz“[20]. Daß die Revolution bei der Flotte begann, die, sieht man von den U-Boot-Mannschaften und dem Unternehmen gegen Ösel im Oktober 1917 ab, seit der Skagerrakschlacht im Mai 1916 nicht mehr zum militärischen Einsatz gekommen war, ist kein Zufall. Das jahrelange Stillhalten spielte nicht nur eine Rolle bei dem Entschluß der Seekriegsleitung, der Marine durch einen ebenso prestigeträchtigen wie selbstmörderischen Einsatz gegen England eine zumindest moralische Zukunft zu sichern. Auch bei den einfachen Soldaten, die sich gegen ihre Aufopferung wehrten, hatte die Zermürbung tiefe Spuren hinterlassen. „Das enge Zusammenleben der Masse der Mannschaften auf beschränktem Raum, der gleichbleibende . . . Takt eines eintönigen und nichtsdestoweniger aufreibenden militärischen Dienstes und schließlich die nach wie vor bestehende Kluft zwischen Offizier und Mann auf den großen Schiffen war 1918 ebenso gegeben wie 1917“ – dem Jahr der ersten Marinemeutereien. Wilhelm Deist, von dem dieses Urteil stammt, fügt seiner Bemerkung mit Recht hinzu: „Die Anfälligkeit einer solchen, in ihrer Aktivität gehemmten Masse

20 Schramm, Die russische Armee, 36.

allen Parolen gegenüber mußte sich unter dem Eindruck äußerer Ereignisse naturgemäß wesentlich steigern, besonders dann, wenn das Vertrauen zur militärischen Führung nicht mehr vorhanden war. Die parteipolitische Agitation, die sowohl von rechts wie von links in der Flotte ebenso wie in der Armee betrieben wurde, konnte also nur ein zusätzliches Element der Unruhe darstellen"[21].

Es wird heute kaum noch ernsthaft bestritten, daß die im November 1918 beginnende Revolution nicht von irgendwelchen linksradikalen Agitatoren „gemacht" worden ist (auch wenn einige von ihnen ebendies frühzeitig für sich in Anspruch nahmen[22]), sondern strukturelle Ursachen hatte. Die Kieler Matrosenmeuterei konnte nur deshalb Explosionen in ganz Deutschland auslösen, weil es sozialen Zündstoff zur Genüge gab. Den äußerlichen Erfolg der Revolution, den Sturz der Throne in Reich und Einzelstaaten, führten aber nicht nur jene Arbeiter und Soldaten herbei, die die Umwälzung aktiv trugen, sondern auch die Schichten, die sie tatenlos ertrugen – und das war der Rest der deutschen Gesellschaft. In den Augen der meisten hatte das alte Regime soviel Ansehen verloren, daß es nicht mehr verdiente, verteidigt zu werden. Der Konsens bestand im Wunsch nach Frieden. Für die offensichtliche Mehrheit hieß das *erstens*, und zwar spätestens seit der Note des amerikanischen Präsidenten Wilson vom 23. Oktober 1918, Abdankung des Kaisers, da er ja offenbar diesem Ziel im Wege stand. Die Frage „Monarchie

21 Deist, Politik, 362 f.

22 Vgl. dazu etwa die Erinerungen des linken USPD-Volksbeauftragten E. Barth, Aus der Werkstatt der deutschen Revolution, Berlin 1920, bes. 51 ff.

oder Republik“ war demgegenüber zweitrangig. Der Wunsch nach Frieden war *zweitens* nicht zu verwirklichen ohne die Beseitigung des „preußischen Militarismus“, den man für die Entbehrungen und die Dauer des Krieges verantwortlich machte[23]. Wenn den ersten Soldatenräten Grußordnung, Anredeform und Verpflegung mindestens ebenso wichtig erschienen wie die Abdankung der Hohenzollern oder das allgemeine Wahlrecht für Preußen, so stand dahinter nichts Geringeres als der Wunsch nach einem radikalen Bruch mit dem verhaßten Militärsystem. „In den scheinbaren Bagatellen von Grußordnung und Anredeform standen . . . die Symbole auf dem Spiel, welche die Distanz von Offizier und Mann in der alten Armee bezeichneten“ (Heinz Hürten)[24]. Gegen den Militarismus sein hieß für die Demokratie eintreten. Was lag da näher als der Ruf nach der baldigen Wahl einer deutschen Na-

23 Zahlreiche Belege für die antipreußische Stimmung, die in Bayern aus historischen Gründen besonders stark war, bei: Ay, Volksstimmung, bes. 267 ff. Vgl. auch H. Metzmacher, Novemberumsturz u. Arbeiter- u. Soldatenräte 1918/19 im Rheinland, in: Annalen des Historischen Vereins für den Niederrhein 168/169. 1967, 135-265. Immerhin traten zumindest Funktionäre mittelständischer Interessenverbände auch noch Anfang November 1918 für die Erhaltung der Monarchie ein. Dazu: Winkler, Mittelstand, 65 f. Zur Entwicklung der Volksstimmung in der Abdankungsfrage vgl. die Erörterung im Kabinett des Prinzen Max von Baden am 31.10.1918, in: Die Regierung des Prinzen von Baden, bearb. v. E. Matthias u. R. Morsey, Düsseldorf 1962, 437-48, u. am 5.11.1918 im Interfraktionellen Ausschuß, ebd. S. 512-48. Zur amerikanischen Note vom 23.10.1918: Erdmann, Zeit der Weltkriege, Bd. 4/1, 141 f.

24 H. Hürten, Soldatenräte in der deutschen Novemberrevolution 1918, in: Historisches Jahrbuch 90. 1970, 229-328 (das Zitat: 306). Ausführlicher hierzu jetzt Kluge, passim. Vgl. auch ders., Militärrevolte u. Staatsumsturz, in: R. Rürup (Hg.), Arbeiter- u. Soldatenräte im rheinisch-westfälischen Industriegebiet, Wuppertal 1975, 39-154.

tionalversammlung, durch die sich das neue Deutschland auch den siegreichen westlichen Demokratien gegenüber glaubwürdig legitimieren konnte? Sprach nicht alles dafür, daß auf diese Weise eine rasche Aufhebung der Blockade und erträgliche Friedensbedingungen zu erreichen waren? Die großen Mehrheiten, die sich am 19. Dezember 1918 auf dem Reichskongreß der Arbeiter- und Soldatenräte *gegen* das „reine Rätesystem" und *für* den 19. Januar 1919 als Termin der Wahlen zur Verfassunggebenden Nationalversammlung entschieden, kamen nicht von ungefähr.

Während die Parolen „Frieden" und „Demokratie" ein klassenübergreifendes Echo fanden, war das Verlangen nach Sozialisierung eine proletarische Klassenforderung. Sie wurde im Prinzip von der sozialistischen Arbeiterbewegung insgesamt, praktisch von den Arbeitern keiner Branche mit so massivem Nachdruck erhoben wie von den Bergarbeitern. Nirgendwo war die körperliche Arbeit gefährlicher und härter, nirgendwo wurde von den Unternehmern der Standpunkt des „Herrn im Hause" rigoroser vertreten, nirgendwo klafften die Vorsicht der Gewerkschaft und der Unmut der Arbeiter weiter auseinander als im Bergbau. Der Ruf nach Sozialisierung wurde auch in anderen Industriezweigen laut – zumal in solchen, die eine Schlüsselrolle für die Kriegswirtschaft gespielt hatten und bei denen die Umstellung auf die Friedenswirtschaft besonders schwere Probleme aufwarf[25]. Aber nur im Montansektor wur-

25 Lederer, Gewerkschaftsbewegung, 219-69; von der neueren Lit. insbes. H. Schieck, Der Kampf um die deutsche Wirtschaftspolitik nach dem Novemberumsturz 1918, phil. Diss. (Ms.), Heidelberg 1958 (auszugsweise in: Kolb[Hg.], Kaiserreich, 138-64); H. Habedank, Um Mitbestimmung u. Nationalisierung während der Novemberrevolution u. im Frühjahr 1919, Berlin (O) 1967.

de das Verlangen nach Vergesellschaftung der Produktionsmittel zum Anlaß einer revolutionären Mobilisierung breiter Massen. Außerhalb der Industriearbeiterschaft fand die Forderung nach Sozialisierung eine eindeutig positive Resonanz nur bei dem linken Flügel der Angestelltenbewegung: Die Hoffnung, Spitzenpositionen in vergesellschafteten Betrieben zu übernehmen, wirkte auf Teile des „neuen Mittelstandes" durchaus anziehend[26]. Bei den Selbständigen – vom Kleinhändler bis zum Großindustriellen – erregten die Schlagworte „Sozialisierung" und „Kommunalisierung" Besorgnis, und das umsomehr, als es 1918/19 noch keine Klarheit darüber gab, welche Wirtschaftszweige von den Sozialisten der verschiedenen Schattierungen als sozialisierungsreif angesehen wurden und welche nicht. Sicher war nur, daß der Bergbau an der Spitze aller Forderungen nach Vergesellschaftung stand. Die bürgerlich-liberalen Parteien nahmen vor den Wahlen vom 19. Januar 1919 Sozialisierungen in gewissem Umfang offenbar als unvermeidbar hin, und es spricht nichts dafür, daß eine Änderung der Eigentumsverhältnisse im Montanbereich auf die Opposition breiter Schichten gestoßen wäre[27].

26 Außer der in Anm. 16 genannten Lit. U. Kadritzke, Angestellte – Die geduldigen Arbeiter. Zur Soziologie u. sozialen Bewegung der Angestellten, Frankfurt 1975, bes. 271 ff. (in der Interpretation des Materials unzureichend).

27 Vgl. die Wahlaufrufe bei G.A. Ritter u. S. Miller (Hg.), Die deutsche Revolution 1918–1919. Dokumente, Hamburg 1975[2], S. 312 (DDP), 371 (DVP). Siehe dazu auch L. Albertin, Liberalismus u. Demokratie am Anfang der Weimarer Republik. Eine vergleichende Analyse der Deutschen Demokratischen Partei u. der Deutschen Volkspartei. Düsseldorf 1972, 72 ff. Zur Stellungnahme von Interessenverbänden zur Sozialisierung vgl. Lederer, Bewegung, 515-619; ders., Gewerkschaftsbewegung, 219-69. Zur Sozialisierungsfurcht in den Mittelschichten: Winkler, Mittelstand, 65-75.

Das Argument der führenden Sozialdemokraten, daß sie gerade in der Übergangsphase vom Krieg zum Frieden auf den Sachverstand von Offizierskorps, Bürokratie und Wirtschaftsführern angewiesen waren und daher mit Exponenten des alten Systems zusammenarbeiten mußten, hatte vieles für sich. Eine geordnete Demobilisierung von 8 Millionen Soldaten und namentlich die Rückführung des Westheeres, die nach den Waffenstillstandsbedingungen vom 11. November binnen drei Wochen erfolgen mußte, waren nicht möglich ohne die aktive Mitwirkung erfahrener Offiziere. Eine Auflösung der Obersten Heeresleitung – und darauf wäre eine Entlassung Hindenburgs, an dessen monarchistischer Haltung nicht zu zweifeln war, hinausgelaufen – hätte dieser Einsicht strikt widersprochen. Aber war es erforderlich, daß die OHL zum direkten militärischen Partner des Rates der Volksbeauftragten wurde? Hätte sich das politische Gewicht, das der OHL bald wieder zuwachsen sollte, nicht verhindern oder doch vermindern lassen, wenn sie von vornherein zum bloßen Abwicklungsinstrument gemacht worden wäre – kontrolliert durch das preußische Kriegsministerium, das seinerseits der politischen Kontrolle der Revolutionsregierung unterlag?[28]. Der Rat der Volksbeauftragten hat sich jedoch gar nicht erst mit der Frage befaßt, wie eine wirksame Kontrolle der OHL zu gewährleisten gewesen wäre. Die institutionelle Sicherung des Primats

28 Dies die Argumentation von Kluge, Soldatenräte, 142. G.W. Rakenius, Wilhelm Groener als erster Generalquartiermeister. Die Politik der Obersten Heeresleitung 1918/19, Boppard 1977, 83 f., spricht dieser These apodiktisch jeden Realitätsgehalt ab, stellt sich aber seinerseits überhaupt nicht die Frage, wie eine wirksame politische Kontrolle der OHL hätte aussehen können.

der Politik wurde von den Volksbeauftragten nicht als das vordringliche Problem gesehen, das es war. Andererseits kann nicht davon gesprochen werden, daß schon am 10. November 1918 ein politisches „Bündnis Ebert-Groener“ zur Bekämpfung des „Bolschewismus“ geschlossen wurde. In seinem berühmten Telefongespräch mit dem Führer der SPD, den der letzte kaiserliche Reichskanzler, Prinz Max von Baden, tags zuvor zu seinem Nachfolger „ernannt“ hatte, hat der Generalquartiermeister der neuen Regierung wohl nur die loyale Unterstützung durch die OHL angeboten. Die ,,antibolschewistischen“ Erwartungen der OHL sind am gleichen Tag in einem Telegramm Hindenburgs an die Feldtruppen ausgesprochen worden[29]. Daß aus dem – von Ebert akzeptierten – Angebot Groeners nach dem 20. Dezember 1918 ein politischer Pakt wurde, ist nur teilweise durch Versäumnisse der neuen zivilen Führung zu erklären. Eine folgenschwere Unterlassung war es, daß die Volksbeauftragten selbst maßvolle Forderungen, wie sie der Kongreß der Feldsoldatenräte in Bad Ems am 1. und 2. Dezember 1918 auf-

29 Die These vom stufenweise sich entwickelnden Bündnis Ebert-Groener bei W. Sauer, Das Bündnis Ebert-Groener. Eine Studie über die Notwendigkeit u. Grenzen der militärischen Macht; phil. Diss. Berlin (FU), 1956 (Ms.), 41 ff. Einschränkend dazu Kluge, Soldatenräte, 143 f.; Rakenius, 73 ff. Auch nach Sauer freilich „zeigen die Abmachungen vom 10. November nur das Bild der bedingten Übernahme der alten militärischen Exekutive in die Dienste des neuen Staates; ein politisches Bündnis mit dem Anspruch konstitutiver Bedeutung für den neuen Staat ist daraus erst später entstanden“(82). Ganz parteilich im Sinne des Marxismus-Leninismus ist die Interpretation bei: L. Berthold u. H. Neef, Militärismus u. Opportunismus gegen die Novemberrevolution. Das Bündnis der rechten SPD-Führung mit der Obersten Heeresleitung November u. Dezember 1918. Eine Dokumentation, Berlin (O) 1978[2].

stellte, nicht nachkamen. Das „Emser Programm" sah u.a. vor, daß der Grußzwang außer Dienst entfiel, Kasinos und Messen zu schließen waren, für Offiziere, Beamte und Mannschaften gleiche Ernährungsbedingungen galten und den Soldatenräten das Recht der Mitwirkung in allen wirtschaftlichen und sozialen Angelegenheiten der Truppe zustand. Der Dienst sollte in „regelmäßiger Fühlung mit den Soldatenräten" angesetzt werden. Scharfe Proteste der OHL genügten, um die Annahme dieser Forderungen durch den Rat der Volksbeauftragten zu verhindern[30].

Die Enttäuschung über das Ausbleiben militärpolitischer Reformen entlud sich auf dem Reichskongreß der Arbeiter- und Soldatenräte in dem einzigen wirklich radikalen Beschluß, der von dieser Konferenz gefaßt wurde: den am 18. Dezember 1918 verabschiedeten „Sieben Hamburger Punkten". So überfällig der wichtigste Punkt dieses Programms war – die Übernahme der obersten Kommandogewalt durch die Regierung –, so undurchdacht und undurchführbar waren andere Punkte. Das Prinzip der Führerwahl durch Soldatenräte mußte auf die Dauer jede Armee funktionsunfähig machen. Es hätte genügt, wenn den Soldatenräten ein Recht eingeräumt worden wäre, die Abberufung von Offizieren zu fordern, die das Vertrauen der Mannschaften verloren hatten[31]. Die äußerlich spekta-

30 Kluge, Soldatenräte, 208 ff., der auf Parallelen zwischen den Emser Forderungen und den vom preußischen Kriegsministerium am 11./12. 11. erarbeiteten Richtlinien hinweist.

31 Eine solche Regelung sahen die Bestimmungen über den Neuaufbau des württembergischen Volksheeres vom 21.3.1919 vor. Vgl. E. Kolb u. K. Schönhoven (Hg.), Regionale u. lokale Räteorganisationen in Württemberg 1918/19, Düsseldorf 1976, 457-61; U. Kluge, Das

kulärste Forderung, die Entfernung aller Rangabzeichen, sollte ein „Symbol der Zertrümmerung des Militarismus und der Abschaffung des Kadavergehorsams" sein. Diesem – verständlichen und zugleich wirklichkeitsfremden – Verlangen hätte wohl schon dadurch Rechnung getragen werden können, daß die Rangabzeichen der Kaiserzeit so bald wie möglich durch neue republikanische ersetzt wurden. Aber die sozialdemokratischen Volksbeauftragten taten auf dem Kongreß nichts, um entsprechende Änderungen des Entwurfs durchzusetzen. Erst als Groener mit dem Rücktritt der OHL für den Fall drohte, daß die Hamburger Punkte verwirklicht würden, räumte Ebert ein, „bei der ganzen Sache sei etwas überstürzt und etwas übereilt gehandelt" worden. Am 20. Dezember beschloß der Rat der Volksbeauftragten, daß die Resolution des Kongresses für das Feldheer gar nicht und für das Heimatheer erst nach dem Erlaß von Ausführungsbestimmungen gelten sollte[32].

Wenn schon die militärpolitische Passivität der Regierung vor dem Rätekongreß viele auch ansonsten gemäßigte Soldaten und Arbeiter erbittert hatte, so mußte das anschließende Zurückweichen vor der OHL diese Wirkung erst recht haben. Der Zusammenhang

württembergische Volksheer 1918/19, in: Klassenjustiz u. Pluralismus, Festschrift (Fs.) f. E. Fraenkel, Hamburg 1973, 92-130. Zum Streit um die Hamburger Punkte ausführlich ders., Soldatenräte, 250 ff. Meine Einschätzung der Hamburger Punkte weicht von derjenigen Kluges teilweise ab. – Die Debatte auf dem Rätekongreß in: Allgemeiner Kongreß der Arbeiter- u. Soldatenräte Deutschlands. Vom 16. und 21. Dezember 1918 im Abgeordnetenhaus zu Berlin, Berlin 1919, 127 ff.

32 Regierung der Volksbeauftragen, Bd. 2, 3-15 (Sitzung von Kabinett u. Zentralrat am 20.12.1918; die Äußerung von Ebert: 13).

von unterlassenen Reformen und politischer Radikalisierung ist hier mit den Händen zu greifen. Dennoch wäre es verfehlt, den Führern der MSPD den wachsenden politischen Einfluß der OHL allein anzulasten. Die Volksbeauftragten, die der USPD angehörten, haben ihren mehrheitssozialdemokratischen Kollegen nicht darin widersprochen, daß die Lösung der militärpolitischen Probleme der Nationalversammlung zu überlassen sei. Versuche, der Regierung eine loyale Schutztruppe zur Seite zu stellen, scheiterten nicht nur am mangelnden Willen der führenden Sozialdemokraten, sondern auch am Widerwillen der Basis, sich in einen sozialistischen Bruderkampf verstricken zu lassen. Die Spaltung der Arbeiterbewegung minderte nicht erst nach 1930, sondern schon 1918/19 die Bereitschaft, die demokratische Republik aktiv zu verteidigen[33].

33 Vgl. dazu das Zeugnis von J. Leber, Ein Mann geht seinen Weg, Frankfurt 1952, 204 f.: „Die große Masse der zur Sozialdemokratischen Partei stehenden Arbeiter kam gar nicht auf den Gedanken, der jungen Revolutionsrepublik Blut und Leben zur Verfügung zu stellen im Kampf gegen links. Jetzt rächte sich bitter die ideele Zwiespältigkeit der Bewegung, die noch im Vorkrieg dachte, den 4. August (1914) schamhaft überging und mit dem 9. November noch nicht so recht ins reine gekommen war, die immer noch in der Tiefe des Herzens von einer Einheit der Arbeiterbewegung träumte, statt sich der harten revolutionären Wirklichkeit bewußt zu sein. Was blieb den ratlosen Machthabern anders übrig, als den eigenen Schutz einigen Generälen anzuvertrauen, die mit Truppenresten noch so etwas wie eine Macht darstellten?" Auch Erdmann, Zeit der Weltkriege, 164, hat auf diese Aussage hingewiesen. Zu den Volkswehren 1918/19: Kluge, Soldatenräte, 167 ff.; H. Schulze, Freikorps u. Republik 1918-1920, Boppard 1967; Sauer, 95 ff. Parteilich im Sinne der KPD: H. Oeckel, Die revolutionäre Volkswehr 1918/19. Die deutsche Arbeiterklasse im Kampf um die revolutionäre Volkswehr (November 1918 bis Mai 1919), Berlin (O) 1968.

Als am 24. Dezember 1918 die meuternde Volksmarinedivision die Regierung Ebert-Haase gefangensetzte, war außer der OHL keine reale Macht zu sehen, die den Rat der Volksbeauftragten noch retten konnte. Aus diesen Tagen stammt das *politische* „Bündnis Ebert-Groener". Zwei Wochen später, beim Berliner Januaraufstand, erhielt die Regierung die Hilfe von Freikorps. Von wenigen Verbänden abgesehen, rekrutierten sich diese Truppen aus dem Bürgertum. Hatte sich im November 1918 im nichtproletarischen Deutschland keine Hand zur Verteidigung der Monarchie gerührt, so schien es jetzt, als werde das neue System gerade von den bürgerlichen Schichten am aktivsten geschützt. Aber es schien nur so. In Wirklichkeit strebten die meisten Freikorps eine Ordnung an, die zwar nicht die alte war, aber dieser doch sehr viel ähnlicher sah als der demokratischen Republik[34].

Auf eine Mithilfe von Beamten des alten Regimes waren die Arbeiterparteien mindestens ebenso angewiesen wie auf die Unterstützung durch Offiziere. Deutschland wäre im Chaos versunken, hätten die Volksbeauftragen das Gros der Beamten, Richter und Staatsanwälte aus ihren Positionen entfernt. Die beiden sozialdemokratischen Arbeiterparteien verfügten nicht über das Personal, das die frei werdenden Stellen hätte füllen können. Infolgedessen blieb dem Rat der Volksbeauftragten und den revolutionären Landesre-

34 Außer Schulze (Anm. 33) hierzu: R.G.L. Waite, Vanguard of Nazism: The Free Corps Movement in Postwar Germany 1918-1925, Cambridge/Mass. 1952; G. Paulus, Die soziale Struktur der Freikorps in den ersten Monaten nach der Novemberrevolution, in: ZfG 3. 1955, 3-28.

gierungen gar nichts anderes übrig, als die bisherigen Amtsinhaber aufzufordern, ihren Dienst weiter zu versehen. Aber ähnlich wie im militärischen Bereich lag das Problem auch bei der zivilen Verwaltung nicht im „Ob" der Zusammenarbeit, sondern in ihrem Ausmaß und ihren Bedingungen. Es war nicht erforderlich, daß extrem monarchistisch gesinnte Funktionsträger in Schlüsselstellungen verblieben. Aber wenn sich örtliche Räte über das illoyale Verhalten von Exponenten der alten Ordnung – etwa preußischen Landräten, die meist den Deutschnationalen nahestanden – beschwerten, gaben die neuen Regierungen fast immer den Vertretern des früheren Regimes recht. Wie die Erfahrungen nach dem Kapp-Putsch zeigen, wäre ein begrenztes Revirement durchaus möglich gewesen. Der Respekt vor dem Sachverstand der Bürokratie war jedoch bei der SPD und Teilen der USPD so groß, daß selbst auf höchster Regierungsebene eine wirkliche Kontrolle der „Experten" nicht stattfand. Die „bürgerlichen" Staatssekretäre, die in ihren Ämtern verblieben waren, wurden von den jeweiligen „Beigeordneten" – gleichviel, ob sie der SPD oder der USPD angehörten – nicht daran gehindert, sich wie Behördenchefs zu verhalten. Auch der Bürokratie gegenüber ist der Primat der Politik nicht durchgesetzt worden[35].

Die Sozialisierung von Industrien, die als „sozialisierungsreif" galten, war eine alte Forderung der Sozial-

35 Hierzu u.a. Kolb, Arbeiterräte, bes. 262-81, 359-83; W. Elben, Das Problem der Kontinuität in der deutschen Revolution. Die Politik der Staatssekretäre u. der militärischen Führung vom November 1918 bis Februar 1919, Düsseldorf 1965.

demokratie. Aber während der ersten Monate nach dem Novemberumsturz wurde das Problem der Sozialisierung von den Volksbeauftragten mit äußerster Vorsicht behandelt. Die Einsetzung einer „wissenschaftlichen“ Sozialisierungskommission, die ein Gutachten über den Komplex der Vergesellschaftung ausarbeiten sollte, war vor allem ein Versuch, Zeit zu gewinnen. Die Führer der Mehrheitssozialdemokraten fürchteten, eine Sozialisierung des Kohlenbergbaus würde die ohnehin drastisch gesunkene Kohleförderung noch weiter gefährden. Eindruck machte auch das – schwer belegbare und einige Jahre später eindeutig widerlegte – Argument von Beamten, Bankiers und Industriellen, die Alliierten würden Privateigentum respektieren, Staatseigentum dagegen als produktives Pfand für Reparationszahlungen beschlagnahmen. Dasselbe gilt für die Behauptung, nur Privatbetriebe, nicht aber der Staat würden vom Ausland Kredite erhalten. Eine Änderung der Eigentumsverhältnisse mußte, so schien es den führenden Sozialdemokraten und zeitweilig auch einigen unabhängigen Sozialdemokraten wie dem bayerischen Ministerpräsidenten Kurt Eisner, die Schwierigkeiten der Übergangswirtschaft vervielfältigen[36].
Bei den Gewerkschaften war die Abneigung gegen eine Sozialisierung – zumal eine „wilde“, von spontan ge-

36 Zu Eisner: A Mitchell, Revolution in Bavaria 1918-1919. The Eisner Regime and the Soviet Republik, Princeton 1965 (dt.: Revolution in Bayern 1918/19, München 1967), 120 f. Zum Streit um die Sozialisierung allgemein: Schieck, bes. 41 ff.; Habedank, 87 ff. Vgl. auch die Anhörung der „Experten“ vor dem Zentralrat der Deutschen Sozialistischen Republik, des vom Ersten Rätekongreß eingesetzten Kontrollorgans des Rates der Volksbeauftragten, am 11.1.1919 in: E. Kolb (Hg.), Der Zentralrat der Deutschen Sozialistischen Republik 19.12.1918 – 8.4.1919, Leiden 1968, 316-22.

bildeten Betriebsräten betriebene Sozialisierung – noch ausgeprägter als bei der SPD. Sie sahen nicht nur die materielle Lage der Arbeiter, sondern auch ihre eigene Existenz gefährdet, wenn die Betriebsleitungen in die Hände syndikalistischer Konkurrenzorgane übergingen. „Nur wer mit völliger Unkenntnis der industriellen Praxis gegenübersteht", schrieb die Metallarbeiter-Zeitung am 14. Dezember 1918, „kann der tollen Meinung sein, gerade jetzt sei der Zeitpunkt für die Expropriation der Expropriateure gekommen". Emil Lederer hat schon 1920 ironisch darauf hingewiesen, daß die Einzelgewerkschaften ähnlich wie manche Branchenverbände der Unternehmer die Schwierigkeiten der Sozialisierung für ihre eigene Industrie betonten, hingegen andere Industrien eher als sozialisierungsreif bezeichneten[37].

Die Gewerkschaften hatten der Sozialisierung freilich schon vor dem Novemberumsturz einen wirksamen Riegel vorgeschoben. Aufbauend auf der Zusammenarbeit mit den Unternehmern während des Krieges, hatten sie sich am 2. November 1918 mit den Arbeitgebern auf ein paritätisch besetztes Demobilmachungsamt geeinigt. Diese Abrede war die Keimzelle der Zentralarbeitsgemeinschaft der industriellen und gewerblichen Arbeitgeber und Arbeitnehmer Deutschlands (ZAG), die am 15. November 1918 offiziell aus der Taufe gehoben und unter dem Namen „Stinnes-Legien-Abkommen" bekannt wurde. Die Gewerkschaften hielten das Einverständnis der Unternehmer mit einigen alten Forderungen der Arbeiter, darunter dem Achtstun-

37 Lederer, Gewerkschaftsbewegung, 251. Ebd. auch das Zitat aus der Metallarbeiter-Zeitung; Daten zur Kohlenförderung: 232.

dentag und der Allgemeinverbindlichkeit der Tarifverträge, für wichtig genug, um de facto auf eine Änderung der Eigentumsverhältnisse zu verzichten. Damit war eine *politische* Grundsatzentscheidung gefallen – aber nicht durch ein politisches Organ, sondern durch die Tarifpartner. Die ZAG ist 1924 definitiv zerbrochen, nachdem es den Unternehmern gelungen war, eine Abkehr vom Prinzip des Achtstundentages zu erreichen, und die innergewerkschaftliche Opposition dem Stinnes-Legien-Abkommen zunehmend die Basis entzogen hatte. Die ZAG hatte überhaupt nur solange funktionieren können, als es im Zeichen der Inflation möglich gewesen war, soziale Unzufriedenheit durch Steigerungen der Nominallöhne teilweise zu unterlaufen. Aber die meisten Konzessionen der Arbeitgeber von November 1918, die ja zum Teil später widerrufen wurden, hätten sich auch und vielleicht dauerhafter *politisch* durchsetzen lassen. Vermieden worden wäre auf diese Weise möglicherweise dreierlei: *Erstens* die Entfremdung zwischen erheblichen Teilen der Arbeiterschaft und der Führung der Gewerkschaften, *zweitens* die strukturelle Schwächung des politischen Parlaments durch einen Immediatverkehr zwischen den Tarifpartnern und der Exekutive, der an die Verfassungswirklichkeit des Kaiserreiches erinnerte, *drittens* das Gefühl der Isolierung bei den Mittelschichten, denen das Zusammenspiel von Großindustrie und Gewerkschaften nur ihre eigene Ohnmacht vor Augen führen konnte[38].

38 Zur ZAG nach wie vor wichtig: H. Kaun, Die Geschichte der Zentralarbeitsgemeinschaft der industriellen u. gewerblichen Arbeitgeber u. Arbeitnehmer Deutschlands, Jena 1938. Aus der neueren Lit. u.a.:

Für Absprachen zwischen Gewerkschaften und Unternehmern gab es gerade in der Demobilmachungsphase gute Gründe. Aber die pauschale Besitzgarantie für das Unternehmertum, auf welche die ZAG faktisch hinauslief, erschwerte jede künftige Sozialisierungspolitik. Eine umfassende Sozialisierung der deutschen Industrie wäre zwar 1918/19 ohnehin nicht möglich gewesen. Vom zweifelhaften wirtschaftlichen Nutzen einer solchen Maßnahme abgesehen, fehlte der Arbeiterbewegung das fachlich geschulte Leitungs- und Kontrollpersonal; die Betriebsräte jedenfalls wären mit dieser Aufgabe völlig überfordert gewesen. Aber es gab einen Sektor der deutschen Wirtschaft, wo der Wettbewerb bereits sosehr zur Fiktion geworden war, daß eine Übernahme der Betriebe durch den Staat wirtschaftlich zumindest keinen Schaden gestiftet hätte: Es war der Kohlenbergbau, dessen Sozialisierung von den Arbeitern wie von der Sozialisierungskommission mit besonderem Nachdruck gefordert wurde. Es ist sehr wahrscheinlich, daß eine bloße Verstaatlichung der Gruben die Erwartungen der Arbeiter nicht befriedigt hätte. Aber mittelbar hätte die Entmachtung der autori-

G. Feldman, German Business between War and Revolution: The Origins of the Stinnes-Legien-Agreement, in: G.A. Ritter (Hg.), Entstehung u. Wandel der modernen Gesellschaft, Fs. f. H. Rosenberg, Berlin 1970, 312-41; ders. u. I. Steinisch, The Origins of the Stinnes-Legien-Agreement. A. Documentation, in: IWK 9. 1973, Nr. 19/20, 45-102; ders., Die Freien Gewerkschaften u. die Zentralarbeitsgemeinschaft 1918-1924, in: H.O. Vetter (Hg.), Vom Sozialistengesetz zur Mitbestimmung. Zum 100. Geburtstag von H. Böckler, Köln 1974, 229-52; ders., Economic and Social Problems of the German Demobilization, in: The Journal of Modern History 47. 1975, 1-23; F. Zunkel, Industrie u. Staatssozialismus. Der Kampf um die Wirtschaftsordnung in Deutschland 1914-1918, Düsseldorf 1974.

tären Speerspitze des Unternehmerlagers den Arbeitern ein Signal gegeben, daß der neue Staat wirklich auch *ihr* Staat war, und ein System qualifizierter Mitbestimmung, wie es auch die Sozialisierungskommission vorsah, hätte das Gefühl der Entfremdung bei den Arbeitern durchaus mindern können. Keiner der Gründe, die gegen eine Sozialisierung des Kohlenbergbaus vorgebracht wurden, war wirklich zwingend. Daß eine begrenzte Sozialisierung die Bolschewismusfurcht der Alliierten herausgefordert hätte, ist nicht anzunehmen. Die Sozialdemokraten hätten überzeugend dartun können, daß, wenn irgendetwas die Radikalisierung der Arbeiter aufhalten konnte, dann eine Vergesellschaftung der Kohlengruben. Sie hätten auf die seit langem bekannte Demokratiefeindschaft der Zechenherren verweisen können[39]. Für eine Sozialisierung des Kohlenbergbaus sprachen vorrangig politische Gründe. Aber auch in diesem Bereich wurde der Primat der Politik der Routine des bloßen Weitermachens geopfert.

Wenn es irgendeine einzelne Klasse gab, die die politische und gesellschaftliche Rückständigkeit Deutschlands gegenüber dem Westen verkörperte, dann waren es die Rittergutsbesitzer des ostelbischen Preußen. Aber ihre Enteignung stand 1918/19 für die Sozialdemokratie nicht auf der Tagesordnung. Der offizielle Standpunkt der Partei war, daß in der Industrie wie in

39 Zu den internationalen Rahmenbedingungen der deutschen Revolution siehe die von sehr unterschiedlichen Standpunkten aus geschriebenen Arbeiten von A.J. Mayer, Politics and Diplomacy of Peacemaking. Containment and Counterrevolution 1918-1919, New York $1969^2$, 253-83, u. K. Schwabe, Deutsche Revolution u. Wilson-Friede, Düsseldorf 1971.

der Landwirtschaft der Großbetrieb rationeller war als der kleine und der letztere darum zum Aussterben verurteilt war. Eine Aufteilung der großen Güter zugunsten selbständiger Bauernwirtschaften erschien infolgedessen als Schritt in die falsche Richtung. Eine Umwandlung der großen Güter in oder ihre Verpachtung an Genossenschaften von Bauern und Landarbeitern wäre den sozialistischen Vorstellungen eher angemessen gewesen. Aber diese Lösung hätte langwierige Vorbereitungen erfordert. Überdies wäre sie eine reine „Revolution von oben" gewesen, denn unter Landarbeitern und Kleinbauern gab es keine Bewegung, die eine sozialistische Agrarreform forderte. Am stärksten jedoch wog das Argument, daß ein radikaler Eingriff in die ländlichen Eigentumsstrukturen die Lebensmittelversorgung noch mehr gefährdet hätte, als sie es, infolge der alliierten Blockade, ohnehin schon war. Hätte die herrschende Hungersnot nicht katastrophale Ausmaße annehmen müssen, wenn von Staats wegen die deutsche Landwirtschaft just in dieser Situation revolutioniert worden wäre? Es waren solche Überlegungen, die den neuen preußischen Landwirtschaftsminister, den Sozialdemokraten Otto Braun, veranlaßten, den Großgrundbesitzern zu versichern, daß an eine Enteignung und Zerschlagung ihrer Besitztümer nicht gedacht sei[40].

40 H. Schulze, Otto Braun oder Preußens demokratische Sendung. Eine Biographie, Frankfurt 1977, 265-89. Zur in den 1890er Jahren steckengebliebenen Agrardebatte in der SPD: H.G. Lehmann, Die Agrarfrage in der Theorie u. Praxis der deutschen u. internationalen Sozialdemokratie, Tübingen 1970. Auch DDR-Historiker räumen ein, daß es 1918/19 eine Massenbewegung zur Enteignung der Junker

Die Frage stellt sich jedoch, ob dieses ebenso ehrliche wie ehrenwerte Motiv wirklich so durchschlagend war. Die Ernte war bei Beginn des Novemberumsturzes eingebracht, und die meisten Rittergüter wurden längst nicht mehr von ihren Eigentümern, von denen viele zu diesem Zeitpunkt noch als Offiziere des Heeres Dienst taten, selbst bewirtschaftet. Das Zwangsabgabesystem aus der Kriegszeit war unverändert in Kraft. Hätte das Land Preußen die Latifundien von einer bestimmten Größenordnung ab in eigenen Besitz und die Verwalter in seine Dienste übernommen, wäre die befürchtete Katastrophe schwerlich eingetreten. Welche Kräfte die Junker im Kampf gegen die neue Ordnung mobilisieren konnten, zeigte sich schon im Frühjahr 1919, als der pommersche Landbund die Zerschlagung der Landarbeitergewerkschaften mit paramilitärischen Mitteln vorbereitete[41]. Im Frühjahr 1920 bildeten die preußischen Rittergutsbesitzer dann die Reservearmee der Kapp-Lüttwitz-Putschisten, und kein Teil der Machtelite hat 1932/33 so geschlossen und erfolgreich die Zerstörung der Weimarer Republik betrieben wie ebendiese Schicht.

Die beiden Revolutionsregierungen in Berlin, die preußische wie die des Reiches, waren blind für die Ge-

nicht gab. Vgl. G. Uhlmann, Die Bodenfrage in der Novemberrevolution, in: Zum 40. Jahrestag der deutschen Novemberrevolution 1918; in: ZfG 6. 1958, Sonderheft, 110-43; Illustrierte Geschichte der Novemberrevolution in Deutschland, hg. vom Institut für Marxismus-Leninismus beim ZK der SED, Berlin (O) 1968, 219-25.

41 Schulze, Otto Braun, 278-89; E.D. Kohler, Revolutionary Pomerania, 1919-20: A Study in Majority Socialist Agricultural Policy and Civil Military Relations, in: Central European History (CEH) 9. 1976, 250-93.

fahren, die der Republik vom ostelbischen Großgrundbesitz drohten. Am 25. November 1918 veröffentlichten die Volksbeauftragten einen Aufruf zur Bildung von Bauern- und Landarbeiterräten, der auf eine Initiative des großagrarischen Bundes der Landwirte zurückging. Der vom Staatssekretär des Reichsernährungsamtes, dem Unabhängigen Sozialdemokraten Emanuel Wurm, gegengezeichnete Text wurde von allen landwirtschaftlichen Organisationen getragen – darunter dem Bund der Landwirte und seinen Trabanten. Die Bildung integrierter „Räte" von Großgrundbesitzern, Mittel- und Kleinbauern sowie Landarbeitern lief auf die politische Neutralisierung der noch schwachen Landarbeiterbewegung hinaus[42]. Daß SPD und USPD ungewollt den Großgrundbesitzern in die Hände arbeiteten, zeigt, wie fremd ihnen nach wie vor die Welt der Landwirtschaft war. Die herrschaftsgewohnte Rittergutsbesitzerklasse, die die Industrielle Revolution überlebt hatte, verstand es auch, die deutsche Revolution von 1918/19, ein sehr viel weniger säkulares Ereignis, zu überdauern. So wichtig die sozialpolitischen Errungenschaften waren, die die Landarbeiter der Revolution verdankten – tarifvertragliche Lohnvereinbarung, Wegfall von Gesindeordnung und diskriminierenden Sondergesetzen –, die Machtstel-

42 Der Text des Aufrufs u.a. in Ritter u. Miller (Hg.), 226-29. Vgl. zur Politik der Agrarier 1918/19 auch: H. Muth, Die Entstehung der Bauern- und Landarbeiterräte im November 1918 u. die Politik des Bundes der Landwirte, in: VfZ 21. 1973, 1-38. Zur Landarbeiterbewegung vgl. auch J. Flemming, Landarbeiter zwischen Gewerkschaften u. „Werksgemeinschaft", in: Archiv für Sozialgeschichte 14. 1974, 351-418.

lung des Großgrundbesitzes wurde dadurch nicht wesentlich geschmälert[43]. Das *politische* Kernproblem der Agrarfrage ist von beiden sozialdemokratischen Parteien 1918/19 nicht erkannt – geschweige denn gelöst worden.

43 Zur gewaltsamen Zurückdrängung der sozialdemokratischen Landarbeiterbewegung nach dem Kapp-Putsch in Pommern: Kohler, 273 ff.

# III. Die Tradition als Grenze: Ideologische Vorbelastungen der Weimarer Sozialdemokratie

Eduard Bernstein, der aus Protest gegen die Bewilligung der Kriegskredite 1916 in die USPD eingetreten war, sich aber schon Anfang 1919 wieder seiner alten Partei angeschlossen hatte[44], hat 1921 ein bemerkenswertes Urteil über die strukturellen Grenzen der deutschen Revolution gefällt. „Die Republik", so schrieb er, „konnte wohl mit *bestimmten* bürgerlichen Parteien und Klassen, nicht aber mit allen den Kampf aufnehmen, ohne sich in eine unhaltbare Lage zu bringen. Sie konnte die große, auf sie gefallene Last nur tragen, wenn sie erhebliche Teile des Bürgertums an ihrem Bestand und ihrer gedeihlichen Entwicklung interessierte. Selbst wenn die Sozialdemokratie bei den Wahlen zur Nationalversammlung die ziffernmäßige Mehrheit erhalten hätte, wäre die Heranziehung der bürgerlich-republikanischen Parteien zur Regierung ein Gebot der Selbsterhaltung der Republik gewesen. Sie war aber auch zugleich eine Lebensnotwendigkeit für Deutschland als Nation"[45].

Der soziale Spielraum der deutschen Revolution von 1918/19 war in der Tat eng begrenzt. Da die Volksbeauftragten entschlossen waren, der Weg für eine demokratisch legitimierte Regierung zu ebnen, konnten

44 Bernstein gehörte 1919 einige Wochen lang sowohl der USPD als auch der MSPD an. Er hatte gehofft, auf diese Weise ein Zeichen für die Wiedervereinigung der beiden Parteien zu setzen. Als ihn die USPD im März 1919 aufforderte, sich für eine der beiden Parteien zu entscheiden, wählte er die SPD. Vgl. Bernstein, 130. Zu seiner Entwicklung insgesamt: P. Gay, The Dilemma of Democratic Socialism: Eduard Bernstein's Challenge to Marx, New York 1952.

45 Bernstein, 198.

sie nur eine Politik treiben, die Chancen hatte, von einer Mehrheit der Wähler gebilligt zu werden. Da die Arbeiterklasse nur etwa die Hälfte der Bevölkerung ausmachte und es nach den Erfahrungen der Zeit vor 1914 unwahrscheinlich war, daß am 19. Januar 1919 alle Arbeiter für die sozialistischen Parteien stimmen würden, durften die Entscheidungen der Revolutionsregierung auf Wähler aus den Mittelschichten zumindest nicht abstoßend wirken. Die führenden Mehrheitssozialdemokraten waren sich überdies sehr wohl bewußt, daß sie für die bürgerlichen Mittelparteien – ihre bisherigen Partner im Interfraktionellen Ausschuß des Reichstages und in der Regierung des Prinzen Max von Baden – koalitionsfähig bleiben mußten. Aber solche Überlegungen können die sozialdemokratische Politik zwischen November 1918 und Januar 1919 doch nur zum Teil erklären. Die Demokratisierung von Militär und Bürokratie war eine durchaus populäre Forderung, und die Sozialisierung des Kohlenbergbaus und eine Enteignung großer Rittergüter hätten eine Volksbewegung gegen die Sozialdemokratie wohl nur dann ausgelöst, wenn diese Maßnahmen als Auftakt zu einer umfassenden Sozialisierungspolitik ausgegeben worden wären.
Um Reformen durchzuführen, die einerseits geeignet waren, die parlamentarische Demokratie sozial abzusichern, die andererseits von einer Mehrheit der Wähler zumindest noch hingenommen werden konnten, wäre es nicht erforderlich gewesen, den Termin für die Wahlen zur Verfassunggebenden Nationalversammlung hinauszuschieben. Gewiß hatten die Volksbeauftragten der USPD darin recht, daß ein späterer Wahltag Veränderungen der überkommenen Machtverhältnisse erleichtert hätte. Auf der anderen Seite aber war die Paro-

le „Nationalversammlung" nicht nur im Bürgertum, sondern auch in großen Teilen der Arbeiterschaft so populär, daß ein Hinauszögern der Wahl die regierenden Parteien erhebliche Sympathien gekostet hätte. Überdies konnte eine demokratische Legitimation der Staatsmacht die Gefahr linker, vielleicht auch rechter Putsche mindern. Dazu kam die schon erwähnte Erwartung, eine freigewählte deutsche Regierung werde den Siegermächten gegenüber in einer besseren Position sein als eine Exekutive mit revolutionärem Mandat[46]. Wären die Sozialdemokraten wirklich davon überzeugt gewesen, daß bestimmte Strukturreformen am besten durchgesetzt wurden, solange die Gegner solcher Maßnahmen ihre Kräfte noch nicht wieder gesammelt hatten, so hätte sich die Zeit zwischen dem 9. November 1918 und dem 19. Januar 1919 besser nutzen lassen. Was es historisch zu erklären gilt, ist das Fehlen ebendieser Einsicht.

Der praktische Reformismus der Sozialdemokraten im Kaiserreich war, wie schon bemerkt, nur die eine Seite ihres Erscheinungsbildes. Die andere Seite war ein ausgeprägter Determinismus. Die Sozialdemokratie glaubte an die historische Unausweichlichkeit des Sozialismus, an eine neue Gesellschaft, die dann kommen würde, wenn die Zeit dafür reif war. Es gab aus dieser Sicht wenig, was die Organisationen der Arbeiterklasse tun konnten, um den notwendigen Ablauf der Geschichte zu beschleunigen. Sie mußten jede Gelegenheit für politische und soziale Reformen in der beste-

46 Zum Disput um den Wahltermin im Rat der Volksbeauftragten: Regierung der Volksbeauftragten, Bd. 1, 227-29. Zur Politik der USPD am besten: D.W. Morgan, 130 ff.

henden Gesellschaft nutzen – nicht mehr und nicht weniger. Ihrem Selbstverständnis nach war die SPD, wie Karl Kautsky es einmal ausdrückte, eine revolutionäre, aber keine Revolutionen machende Partei[47]. Schon 1893 war für Kautsky die Einführung eines parlamentarischen Regierungssystems der einzige Grund gewesen, der – unter Umständen – eine Revolution in Deutschland rechtfertigen konnte. Die bürgerliche Revolution nachzuholen war Kautsky zufolge die historische Mission des deutschen Proletariats; die proletarische Revolution konnte sich danach evolutionär vollziehen[48]. Eine bürgerliche Revolution gegen das

47 Zitiert nach D. Groh, Die Sozialdemokratie im Verfassungssystem des 2. Reiches, in: H. Mommsen (Hg.), Sozialdemokratie zwischen Klassenbewegung u. Volkspartei, Frankfurt 1974, 69. Zum Dualismus von praktischem Reformismus und theoretischem Dogmatismus in der SPD vgl. ders., Negative Integration u. revolutionärer Attentismus. Die Sozialdemokratie am Vorabend des 1. Weltkrieges, Berlin 1973; E. Matthias, Kautsky u. der Kautskyanismus, in: Marxismusstudien, Bd. 2, Tübingen 1957, 151-97; H.J. Steinberg, Sozialismus u. deutsche Sozialdemokratie vor dem Ersten Weltkrieg, Hannover 1967; C. Schorske, German Social Democracy 1905-1917. The Development of the Great Schism, Cambridge/Mass. 1955.

48 Wörtlich heißt es bei Kautsky: „Meiner Meinung nach leiden wir in Deutschland nicht an zuviel, sondern an zu wenig Parlamentarismus, und es wird die Aufgabe des Proletariats sein, nachzuholen, was die deutsche Bourgeoisie in ihrer Feigheit versäumt, ein wirkliches parlamentarisches Regime zu schaffen . . . Für die Diktatur des Proletariats kann ich mir aber eine andere Form nicht denken als die eines kraftvollen Parlaments nach englischem Muster mit einer sozialdemokratischen Mehrheit und einem starken und bewußten Proletariat hinter sich. Der Kampf um einen wirklichen Parlamentarismus wird meines Erachtens in Deutschland zum Entscheidungskampf der sozialen Revolution werden, denn ein parlamentarisches Regime bedeutet in Deutschland den politischen Sieg des Proletariats, aber auch umgekehrt". Zit. bei D. Grosser, Vom monarchischen Konstitutionalismus zur parlamentarischen Demokratie. Die Verfassungspolitik der deut-

Bürgertum durchzuführen, war jedoch wohl von vornherein eine Überforderung der deutschen Sozialdemokratie gewesen. Tatsächlich war das erhoffte Resultat der bürgerlichen Revolution, die parlamentarische Demokratie, die Frucht einer Revolution von oben, der durch die militärische Niederlage veranlaßten Verfassungsreform vom Oktober 1918. Nachdem sich das Kaiserreich aber offiziell parlamentarisiert hatte und die Sozialdemokraten sogar an der Regierung beteiligt worden waren, war für Ebert und seine politischen Freunde der letzte theoretisch denkbare Grund einer gewaltsamen Änderung der Machtverhältnisse entfallen. Als die ungewollte Revolution dann doch ausbrach, galt es, sie so schnell wie möglich abzuschließen, damit die neue republikanische Staatsmacht sich demokratisch legitimieren und der Sozialismus auf parlamentarischem Wege verwirklicht werden konnte. Auf diese Weise ließ sich Zeit gewinnen, die Produktion konnte wieder in Gang gesetzt werden und die Arbeiterbewegung vermochte allmählich in die Führungsaufgaben hineinzuwachsen, auf die sie 1918/19 noch nicht hinreichend vorbereitet war. Sozialistische Experimente zu einem Zeitpunkt, da die Wirtschaftstätigkeit darnieder lag und es an ökonomischem Sachverstand in der Arbeiterbewegung noch fehlte, hätten, so fürchteten die Führer der SPD und der freien Gewerkschaften, kurz-

schen Parteien im letzten Jahrzehnt des Kaiserreiches, Den Haag 1970, 33 f. Auch Marx hatte es für möglich erklärt, daß in einer parlamentarischen Demokratie die Machtübernahme des Proletariats sich friedlich vollziehen könne. Siehe dazu die Belege bei Winkler, Zum Verhältnis, 30 f. – Zum folgenden vgl. auch R. Hunt, Friedrich Ebert and the German Revolution of 1918, in: Krieger u. Stern (Hg.), 315-54 (dt. in: Kolb [Hg.], 120-37).

fristig die Wahlchancen der Sozialdemokratie gemindert und langfristig der Sache des Sozialismus geschadet.

Die Gefahr, daß die Zeit für die Gegner von Sozialismus und Demokratie arbeiten könne, wurde gering veranschlagt. Der politische und militärische Zusammenbruch des alten Regimes erschien so vollständig, daß es besonderer Vorkehrungen gegenüber etwaigen konterrevolutionären Machenschaften von rechts gar nicht bedurfte. „Diese Revolution", so erklärte der sozialdemokratische Volksbeauftragte Otto Landsberg am 28. Dezember 1918, „unterscheidet sich von allen früheren ganz wesentlich dadurch, daß jede Herrschaftsorganisation der herrschenden Klasse erschüttert und beseitigt ist. Im Jahre 1848 war ein wirklicher Volkssieg in den Straßen von Berlin nicht errungen; denn das Heer war im wesentlichen intakt und infolgedessen hatte die Reaktion etwas in der Hand, womit sie die Errungenschaften der Revolution beseitigen konnte. Jetzt ist jedes Herrschaftsinstrument von innen und von außen so restlos beseitigt, daß die Gefahr einer Gegenrevolution nur akut werden kann, wenn es den Leuten von der äußersten Linken gelingt, die Massen derart zur Verzweiflung zu bringen, daß sie sich dem ersten besten Usurpator an den Hals werfen, weil sie sich sagen: Es ist unter den jetzt geschaffenen Zuständen nicht zu leben"[49].

Landsberg irrte sich gründlich. Angesichts der strukturellen Beschränkungen, auf welche die Revolution stieß, war eine Sammlung der gegenrevolutionären Kräfte wohl ebensowenig zu verhindern wie eine Radi-

49 Regierung der Volksbeauftragten, Bd. 2, 115 f.

kalisierung enttäuschter Arbeiter. Beide Tendenzen waren nicht nur eine Folge sozialdemokratischer Versäumnisse. Aber mehr Wachsamkeit gegenüber der Rechten und mehr politischer Gestaltungswille in der relativ offenen Situation zwischen November 1918 und Januar 1919 hätten sowohl das konterrevolutionäre als auch das linksradikale Potential eindämmen können. Bereits im Frühjahr 1919 begann die sozialdemokratische Selbstkritik an den Unterlassungen der ersten Stunde. Auf dem Zweiten Rätekongreß im April 1919 nannte es der Sozialdemokrat Max Cohen-Reuß einen der großen Fehler seiner Partei, daß sie in fünfzigjähriger Agitation der Menge das Himmelreich auf Erden versprochen habe. Er bezeichnete es als „unser Unglück, daß wir am 9. November in eine Situation hineingekommen sind, auf die wir alle miteinander nicht vorbereitet waren. Und ebenso, wie uns bisher viele Fortschritte in Deutschland von oben geschenkt worden sind, so ist uns auch dieser Fortschritt geschenkt worden; erkämpft haben wir ihn nicht, er ist uns geschenkt worden durch die Entente. Parteigenossen, wenn nicht der große Zusammenbruch gekommen wäre, nicht die ungeheure Niederlage des Heeres draußen, so würdet Ihr die Revolution auch nicht fertiggebracht haben. Jedenfalls diesmal hat uns Foch die Dinge geschenkt durch seine überlegene Strategie, und nun wußten wir nichts Rechtes mit den Dingen anzufangen: Wir haben sie nicht selbst erkämpft, sie sind uns sozusagen als reife Frucht in den Schoß gefallen. Und dann haben wir Fehler auf Fehler gehäuft und haben zugleich an den Fehlern tragen müssen, die in der früheren Situation von uns begangen worden sind“[50].

Der Widerspruch zwischen praktischem Reformismus und theoretischem Utopismus in der Sozialdemokratie spiegelte in gewisser Weise die Machtstrukturen des Kaiserreiches wider. Das alte Regime ließ die politischen Parteien an der Gesetzgebung teilnehmen, schloß sie aber bis in die Kriegsjahre hinein von der Regierungsverantwortung aus. Die „hohe Politik" wurde ohne die Parteien gemacht; was ihnen blieb, war die hohe Theorie und die Vertretung der wirtschaftlichen Interessen ihres jeweiligen Sozialmilieus. Im Fall der sozialdemokratischen Arbeiterbewegung kam politische Diskriminierung hinzu, die sich bei den Betroffenen als Ghettobewußtsein niederschlug. Ein „Volksmarxismus", der zur pseudoreligiösen Erlösungslehre erstarrt war, bot gewisse psychologische Entlastungen für die Härten der Gegenwart. Zugleich überhöhte er jene Teilreformen, die die Sozialdemokratie dem Kaiserreich abgerungen hatte und die faktisch ein allmähliches Arrangement mit dem bestehenden System herbeiführten, zu Schritten auf den Sozialismus hin. Das deterministische Element, das im Marxismus angelegt war, hatte sich in der SPD gewissermaßen verselbständigt. Der voluntaristische Aktivismus der Spartakisten, der an eine andere Komponente des Marxismus anknüpfte, war *auch* eine Reaktion hierauf. Die dialektische Einheit des objektiven und des subjektiven Moments, wie sie die Marxsche Theorie vorsah, blieb bloßes Postulat.

Daß vorrangig von der SPD die Rede ist, wenn es um

50 Zentralrat, 803-05. Cohen-Reuß war ein führendes sozialdemokratisches Mitglied des Zentralrates der Deutschen Sozialistischen Republik.

die Weichenstellungen zwischen November 1918 und Januar 1919 geht, liegt auch an der Schwäche der übrigen Linkskräfte. Der Spartakusbund war zu dieser Zeit nicht mehr als eine Splittergruppe, in der linksradikale Desperados das stärkste Kontingent stellten. Die USPD war durch Flügelkämpfe gelähmt. Das Ausscheiden der unabhängigen Volksbeauftragten aus der Regierung Ende Dezember 1918 hatte seinen tieferen Grund in der Entfremdung zwischen Führungsgruppe und Basis der Partei. Als die Fraktion der USPD auf dem Ersten Rätekongreß beschloß, sich nicht an den Wahlen zum Zentralrat der Deutschen Sozialistischen Republik, dem Kontrollorgan des Rates der Volksbeauftragten, zu beteiligen, entzog sie ihren Regierungsmitgliedern faktisch die Arbeitsgrundlage[51].

Die Räte waren, entgegen einer verbreiteten Ansicht, in der Zeit zwischen November 1918 und Januar 1919 kein selbständiger Machtfaktor. Solange sie in ihrer überwältigenden Mehrheit eine soziale Festigung der parlamentarischen Demokratie anstrebten, konnten sie wohl ein Instrument der sozialdemokratisch geführten Regierung, aber kein Gegengewicht zu ihr sein; in dem Maß, wie sie sich radikalisierten und die Sozialdemokratie bekämpften, hörten sie auf, Stützen eines parlamentarischen Systems zu sein. Generell kann man zwi-

51 Zu Spartakusbund bzw. KPD vgl. H. Weber, Die Wandlung des deutschen Kommunismus, 2 Bde., Frankfurt 1969; R. Löwenthal, Rußland u. die Bolschewisierung der deutschen Kommunisten, in: W. Markert (Hg.), Deutsch-russische Beziehungen von Bismarck bis zur Gegenwart, Stuttgart 1964, 97-116; G. Bassler, The Communist Movement in the German Revolution 1918-1919. A Problem of Historical Typology?, in: CEH 6. 1973, 133-77. Zur USPD siehe die in Anm. 14 genannten Arbeiten.

schen drei Typen von Räten unterscheiden: *Erstens* Räten als revolutionären Kampforganen, die in einer Übergangsphase spontan an die Stelle der alten Gewalten treten oder diese zu kontrollieren suchen; *zweitens* Räten als Interessenvertretungen der Arbeitnehmer innerhalb gesellschaftlicher Teilbereiche, namentlich in der Wirtschaft; *drittens* Räten als Elementen des sogenannten „reinen Rätesystems". Räte dieses dritten Typus sind – in der Theorie – von der Basis durch imperatives Mandat kontrollierte, zugleich gesetzgebende und vollziehende Körperschaften. Das „reine Rätesystem" wurde und wird von seinen Befürwortern als Alternative zur parlamentarisch-repräsentativen Demokratie und zum Prinzip der Gewaltenteilung verstanden[52].

Die deutschen Arbeiter- und Soldatenräte zwischen November 1918 und Januar 1919 waren dem *ersten* Typus zuzurechnen. Die meisten sympathisierten mit der MSPD und wollten die Regierung der Volksbeauftragten bei der Kontrolle der alten Gewalten in Militär und ziviler Verwaltung unterstützen. Umgekehrt hatten die Räte auch eine wichtige Funktion für die bisherigen Ordnungsmächte. Die Soldatenräte glichen durch ihre Zusammenarbeit mit den Offizieren das Legitimitätsdefizit der Obersten Heeresleitung aus – jedenfalls solange bis diese ihre Position wieder befestigt hatte. Die kommunalen Arbeiter- und Soldatenräte übernahmen mit der Kontrolle der Stadtverwaltungen auch die Verantwortung für unpopuläre Entscheidungen und entlasteten dadurch die offiziellen

52 P. Lösche, Rätesysteme im historischen Vergleich, in: Probleme der Demokratie heute. PVS, Sonderheft 2, 1970, 70-85.

Selbstverwaltungsorgane. Auch dort, wo „linke“ Räte formell die ganze Macht in Großstädten ausübten, waren sie freilich nicht in der Lage, die früheren Autoritäten zu ersetzen. Über Kontrolle ging die Tätigkeit der Räte faktisch nirgendwo hinaus[53]. Die Ansätze zu einer überregionalen Organisation der Arbeiter- und Soldatenräte waren so schwach, daß sie auch nicht zu einer wirklichen Konkurrenz für die politischen Parteien werden konnten[54]. So wichtig die Rolle war, die die Arbeiter- und Soldatenräte in der revolutionären Übergangsphase spielten – nicht zuletzt als Hüter von Ruhe und Ordnung –, von dem Augenblick ab, wo es wieder demokratisch legitimierte Volksvertretungen gab, wurde diese Funktion hinfällig. Soweit die Räte sozialdemokratisch orientiert waren, entsprach das auch ihrer Selbsteinschätzung.

Die Betriebsräte, die sich nach dem Novemberumsturz herausbildeten, gehören dem *zweiten* Rätetypus zu. Von den Gewerkschaften wurden sie mit äußerstem Mißtrauen betrachtet, und umgekehrt galt dasselbe. Die Forderung nach einer auf die Betriebsräte gestützten Sozialisierung war mit der parlamentarischen Demokratie nicht grundsätzlich unvereinbar, und zumin-

53 Darauf weist zurecht W.J. Mommsen, 372 f., hin. Vgl. zum selben Thema auch U. Bermbach, Das Scheitern des Rätesystems u. der Demokratisierung der Bürokratie 1918/19, in: PVS 8. 1967, 445-60, sowie E. Kittel, Novemberumsturz 1918. Bemerkungen zu einer vergleichenden Revolutionsgeschichte der deutschen Länder in: Blätter für deutsche Landesgeschichte 104. 1968, 42-108. Als Lokalstudie: F. Bey-Heard, Hauptstadt u. Staatsumwälzung – Berlin 1919. Problematik u. Scheitern der Rätebewegung in der Berliner Kommunalverwaltung, Stuttgart 1969, bes. 112 ff.

54 Zum gleichen Urteil gelangt auch Morgan, 10-13, gegenüber idealisierenden Urteilen über die Rätebewegung.

dest die „Essener Neunerkommission", der regionale Vertreter von SPD, USPD und KPD angehörten, hat im Januar und Februar 1919 ihre Vorstellungen von Betriebsräten und Sozialisierung im Rahmen der parlamentarischen Demokratie durchzusetzen versucht[55]. Eine andere Frage ist, ob die von den Betriebsräten angestrebte Art der Sozialisierung wirtschaftlich praktikabel war. Über eine paritätische Mitbestimmung der Arbeitnehmer gingen die Forderungen der Betriebsräte weit hinaus. Faktisch wären Betriebsleitungen, wie sie die Betriebsräte wünschten, Vollzugsorgane der Belegschaften gewesen. In einer kapitalistischen Umwelt, mit der diese Betriebsleitungen es angesichts der Unmöglichkeit einer Totalsozialisierung schon im nationalen Rahmen zu tun gehabt hätten, wären derart „sozialisierte" Unternehmen wohl kaum konkurrenzfähig gewesen. Die von der Betriebsrätebewegung getragenen „wilden Streiks" im Frühjahr 1919 zeugten von tiefsitzenden antikapitalistischen und antigewerkschaftlichen Gefühlen zumal unter Bergarbeitern, aber gewiß nicht von volkswirtschaftlichem Wirklichkeitssinn.

Das „reine Rätesystem", der *dritte* Typ von Räten, hatte, wie der Kongreß der Arbeiter- und Soldatenrä-

55 P. v. Oertzen, Die großen Streiks der Ruhrbergarbeiterschaft im Frühjahr 1919, in: VfZ 6. 1958, 231-62; ders., Betriebsräte, passim. Historisch und theoretisch nicht haltbar erscheint mir dagegen Oertzens These, das reine Rätesystem sei mit der freiheitlich-demokratischen Grundordnung im Sinne des Grundgesetzes vereinbar. Vgl. ders., Freiheitliche demokratische Grundordnung u. Rätesystem, in: U. Bermbach (Hg.), Theorie u. Praxis der direkten Demokratie, Opladen 1973, 173-85. Zur Essener „Neuner Kommission" jetzt auch: J. Tempke, The Rise and Fall of the Essen Model, January-February 1919, in: IWK 13. 1977, 160-71.

te im Dezember 1918 zeigte, in den ersten Wochen nach dem Novemberumsturz nur wenige Anhänger. Erst die Enttäuschung über das Ausbleiben durchgreifender gesellschaftlicher Veränderungen ließ die antiparlamentarische Bewegung von links seit dem Frühjahr 1919 zu einem breiten Strom anschwellen. Die Wortführer des „reinen Rätesystems" wie Ernst Däumig oder Anton Pannekoek hatten etwas völlig anderes im Sinne als das, was in der Sowjetunion mittlerweile unter „Räten" verstanden wurde. Den Räten, nicht einer Partei sollte alle Macht zufallen. Aber das direkt-demokratische Modell, wie es den Theoretikern vorschwebte, ging von der unrealistischen Erwartung aus, in einer arbeitsteiligen Gesellschaft könnten Massen auf Dauer mobilisiert werden, um die Mandatsträger ständig zu kontrollieren. Da die Beseitigung der „bürgerlichen" Gewaltenteilung unkontrollierte Machtkonzentration zur Folge zu haben pflegt, wäre das wahrscheinlichste Resultat des „reinen Rätesystems" am Ende doch eine Entwicklung sowjetischen Typs gewesen: die Verselbständigung einer revolutionären Avantgarde auf Kosten einer politisch entrechteten Basis[56].

Der Sozialdemokratie kann nicht vorgeworfen werden, daß sie die Kosten einer revolutionären Erziehungs-

56 Zur deutschen Rätediskussion 1918/19 vgl. die freilich analytisch ganz unbefriedigende Arbeit von H. Dähn, Rätedemokratische Modelle. Studien zur Rätediskussion in Deutschland 1918-1919, Meisenheim 1975. Zur Kritik der rätedemokratischen Illusionen am besten: G.A. Ritter, 'Direkte Demokratie' u. Rätewesen in Geschichte u. Theorie, in: ders., Arbeiterbewegung, Parteien u. Parlamentarismus, Göttingen 1976, 292-316.

diktatur für unkalkulierbar hielt und sich zur repräsentativen Demokratie bekannte[57]. Die Erfahrungen mit dem sowjetischen Herrschaftsmodell haben vielmehr die Richtigkeit der sozialdemokratischen Grundentscheidung bestätigt. Die SPD kann auch nicht dafür getadelt werden, daß sie eine Doppelherrschaft von Räten und Parlament, wie sie Teile der USPD anvisierten, ablehnte. Ein solches System wäre auf eine schrittweise Aushöhlung der parlamentarischen Demokratie hinausgelaufen und hätte sich als ebenso kostspielig wie funktionsuntüchtig erwiesen. Daß die SPD der syndikalistischen Betriebsrätebewegung entgegentrat, war volkswirtschaftlich wohlbegründet. Und es spricht für die Nüchternheit der Sozialdemokraten, daß sie den Illusionen der Anhänger des „reinen Rätesystems" niemals verfallen sind. Ein „dritter Weg" zwischen der parlamentarischen Demokratie und dem „reinen Rätesystem" oder einem Regime sowjetischer Prägung war nicht gangbar. Der Einbau von wirtschaftlichen Mitbestimmungsorganen in die repräsentative Demokratie war nur denkbar als soziale Ausgestaltung dieser Regierungsform, aber nicht als Grundlage eines eigenen Regimetypus.

Was die Sozialdemokraten *nicht* beherzigten, war eine Erfahrung der europäischen Revolutionsgeschichte: Eine parlamentarische Demokratie setzte gesellschaftliche Bedingungen voraus, die niemals nur mit parlamentarischen Mitteln hergestellt worden sind. Eine Phase des revolutionären Terrors wäre in Deutschland

57 Zur theoretischen Auseinandersetzung der SPD mit dem Bolschewismus vgl. P. Lösche, Der Bolschewismus im Urteil der deutschen Sozialdemokratie 1903-1920, Berlin 1967.

1918/19 nicht möglich gewesen ohne einen blutigen Bürgerkrieg, und ihr Resultat wäre mit Sicherheit keine parlamentarische Demokratie gewesen. Es hätte freilich auch keiner terroristischen Methoden bedurft, um einige der strukturellen Hindernisse zu beseitigen, die einer Demokratie westlicher Prägung entgegenstanden. Ein ökonomistisch verkümmerter Marxismus ließ die Sozialdemokraten die *politischen* Herausforderungen verkennen, vor die sie die Revolution gestellt hatte. Weder beim Kohlenbergbau noch beim Großgrundbesitz ging es primär um Fragen wirtschaftlicher Zweckmäßigkeit, sondern um politische Machtfragen. In der Theorie hielt die SPD an dem Grundsatz fest, daß das Gemeineigentum einer höheren gesellschaftlichen Entwicklungsstufe entsprach als das Privateigentum. In der Praxis sicherte sie das Privateigentum auch in den wenigen Bereichen, wo durchschlagende politische Gründe für das Gemeineigentum sprachen. Gerade der festverwurzelte Glaube, daß der Sozialismus dem Kapitalismus wirtschaftlich auf allen Gebieten überlegen sei, hinderte die Sozialdemokraten an der notwendigen politischen Differenzierung zwischen den einzelnen Sektoren der Wirtschaft – und damit auch zwischen autoritären und vergleichsweise liberalen Kräften im Unternehmerlager. 1918/19 hätte ein gewisses Maß an Sozialismus der liberalen Demokratie ein festeres soziales Fundament geben können. Da den Sozialdemokraten die Zeit für den Sozialismus *wirtschaftlich* nicht reif erschien, unterblieb auch das *politisch* erforderliche Minimum an Sozialismus.

In der revisionistischen Literatur wird seit Arthur Rosenberg immer wieder die These vertreten, daß Weimar zum Scheitern verurteilt war, weil 1918/19 die notwendigen Veränderungen der Machtverhältnisse unterblieben sind. Aber kann „1933" wirklich aus „1918" abgeleitet werden? In Österreich haben die Sozialdemokraten einige der Reformen durchgesetzt, die in Deutschland nicht stattfanden. Eine „Volkswehr" wurde geschaffen, die sich vorwiegend aus Arbeitern zusammensetzte und von Arbeiterräten kontrolliert wurde. Diese „Volkswehr" und nicht die alte Armee oder bürgerliche Freikorps bildete den Widerpart putschender Kommunisten – und dieser Umstand mag dazu beigetragen haben, daß die KPÖ nicht zur Massenbewegung wurde. Freilich gab es in Österreich 1918/19 auch nicht jene politische Spaltung der Arbeiterbewegung, die in Deutschland den Aufbau von schlagkräftigen sozialistischen Schutztruppen mit verhindert hat. Die radikal-demokratische Organisation der „Volkswehr" hat sich im übrigen auch in Österreich nicht bewährt: Auf eine Initiative der Sozialisten hin wurde 1920 die Befehlsgewalt den Soldatenräten genommen und den Offizieren übertragen. Immerhin bleibt das Faktum bestehen, daß in Österreich die Revolution sehr viel weiter gegangen ist als in Deutschland. Dennoch wurden die Sozialisten im gleichen Jahr 1920, in dem in Deutschland die Weimarer Koalition von SPD, Zentrum und Demokraten ihre Mehrheit einbüßte, bei den Wahlen von den Christlich-Sozialen überrundet. Man mag einwenden, daß Österreich immer noch ein überwiegendes Agrarland war und auch von seiner konfessionellen Struktur her dem Sozialismus größere Hindernisse in den Weg legte als Deutschland. Nichtsdestoweniger ist festzuhalten, daß auch eine vergleichsweise durchgreifende Revolution nicht verhindert hat, daß in Österreich die Rechte wieder an die Macht kam und das Land schließlich auf den Weg des „Austrofaschismus“ führte[58].

Es gab nur *einen* Weg, die Möglichkeit einer Rechtsschwenkung breiter Wählerschichten ganz auszuschließen – und das war die Abschaffung freier Wahlen. Für die Sozialdemokraten war dieser Weg nicht gangbar. Mit der Errichtung einer parlamentarischen Demokratie war das Risiko ihres Scheiterns gegeben. Der Nationalsozialismus wäre nach 1929 auch zur Massenbewegung geworden, wenn 1918/19 die Schwerindustrie sozialisiert und der Großgrundbesitz enteignet worden wäre. *Die* „Machtergreifung“, die am 30. Januar 1933 stattfand, hätte vermutlich verhindert werden können, wenn es keine Rittergutsbesitzer und keine Schwerindustriellen gegeben hätte. Aber die Möglichkeit, daß die Nationalsozialisten auf andere

58 Von einer ernsthaften Sozialisierungspolitik kann allerdings auch in Österreich nicht die Rede sein. Die Sozialisten begründeten das 1920 mit finanziellen und kreditpolitischen Schwierigkeiten. Vgl. dazu C.A. Gulick, Österreich von Habsburg zu Hitler, Wien 1976 (amerik. Ausgabe: Berkeley 1948), 70-73. Auch O. Bauer (Die österreichische Revolution, Wien 1923, 176 f.) betont, daß es für ein kleines Land wie Österreich unmöglich gewesen sei, Sozialisierungen im Alleingang vorzunehmen. Zu den Problemen der Wehrverfassung: ebd., 215 f. Vgl. zur Revolution in Österreich weiter: F.L. Carsten, Revolution in Mitteleuropa 1918-1919, Köln 1973; H. Hautmann, Rätedemokratie in Österreich 1918-1924, in: Österreichische Zeitschrift f. Politikwissenschaft 1. 1972, 73-87. Sehr instruktiv ist der Literaturüberblick von U. Kluge, Das Dilemma einer Demokratie. Zwischenbilanz der österreichischen Forschung zur Geschichte der Ersten Republik 1918-1938, in: Neue Politische Literatur 23. 1978, 219-47. – Zur Rechtsschwenkung nach 1920 als gesamteuropäischem Phänomen vgl. die scharfsinnige Analyse von C.S. Maier, Recasting Bourgeois Europe. Stabilization in France, Germany and Italy in the Decade after World War I, Princeton 1975.

Weise an die Regierung gelangten – etwa in Form einer schwarz-braunen Koalition, wie sie im Sommer 1932 von der Führung der Zentrumspartei angestrebt wurde – ließ sich auf diese Weise nicht versperren[59].

Den Aufstieg des Nationalsozialismus zur Massenbewegung hätte, wenn überhaupt, am ehesten noch eine Politik verhüten können, die sich bemühte, einer „Panik im Mittelstand" zuvorzukommen[60]. Aber systematische Versuche der SPD, sich den Mittelschichten zu öffnen und kleinbürgerliche Ressentiments gegenüber der Sozialdemokratie abzubauen, hat es nicht gegeben. Das Görlitzer Programm von 1921 enthielt vielversprechende Ansätze, die in diese Richtung wiesen; vier Jahre später aber wiederholte das Heidelberger Programm die dogmatische, in ihrer pauschalen Form erkennbar falsche Untergangsprognose, die schon das Kommunistische Manifest und das Erfurter Programm von 1891 dem Kleinbetrieb gestellt hatten. Eine Politik, die den selbständigen und unselbständigen Mittel-

59 Dazu J. Becker, Brüning, Prälat Kaas u. das Problem einer Regierungsbeteiligung der NSDAP 1930-1932, in: Historische Zeitschrift 196. 1963, 74-111; D. Junker, Die Deutsche Zentrumspartei u. Hitler 1932/33, Stuttgart 1969; R. Morsey, Die Deutsche Zentrumspartei, in: E. Matthias u. R. Morsey (Hg.), Das Ende der Parteien 1933, Düsseldorf 1960, 281-453; H. Brüning, Memoiren 1918-1934, Stuttgart 1970, 460-73, 615-37. – Rein spekulativ und ahistorisch erscheint mir die These von V. Rittberger, Revolution and Pseudo-Democratization: The Formation of the Weimar Republic, in: G.A. Almond (Hg.), Crisis, Choice, and Change. Historical Studies of Political Development, Boston 1973, 285-391, die Machtergreifung des Nationalsozialismus hätte sich verhindern lassen, wenn 1918/19 eine „proletarische Demokratie" errichtet worden wäre. Der Frage, ob ein solches System innen- und außenpolitisch möglich war, weicht R. beharrlich aus.

60 Th. Geiger, Panik im Mittelstand, in: Die Arbeit 7. 1930, 637-54.

schichten entgegenkam, wäre an der „Basis" nur schwer durchzusetzen gewesen: In der Klassengesellschaft der 20er Jahre gab es nicht nur ein antiproletarisches Abgrenzungsbedürfnis des Mittelstandes, sondern auch das Pendant dazu bei den Arbeitern. Manche enttäuschten Anhänger der SPD wären vermutlich zur KPD übergelaufen, wenn die Sozialdemokraten mit dem Versuch, „Volkspartei" zu werden, Ernst gemacht hätten – einem Versuch, der in der Logik und im Interesse der parlamentarischen Demokratie lag. Die Furcht, Wähler an die Kommunisten zu verlieren, war denn auch der wichtigste Grund, weshalb die SPD vor einer solchen Revision ihres Programms und ihrer Tradition zurückschreckte. Die Nationalsozialisten, die, rein soziologisch gesehen, zu Beginn der 30er Jahre am ehesten eine „Volkspartei" genannt werden konnten, haben aus dieser sozialdemokratischen Scheu Nutzen gezogen. Denselben Effekt hatte die Weigerung der SPD, der Massenarbeitslosigkeit nach 1930 mit einem antizyklischen Arbeitsbeschaffungsprogramm, wie die Freien Gewerkschaften es forderten, entgegenzutreten. Auch hier war ideologischer Traditionalismus eine wesentliche Ursache des praktischen Attentismus in der sozialdemokratischen Parteiführung[61].

61 Ausführlicher dazu H.A. Winkler, Mittelstandsbewegung oder Volkspartei? Zur sozialen Basis der NSDAP, in: W. Schieder (Hg.), Faschismus als soziale Bewegung. Deutschland u. Italien im Vergleich, Hamburg 1976, 97-118; ders., German Society, Hitler and the Illusion of Restoration 1930-1933, in: Journal of Contemporary History 11. 1976, 1-16. – Zum Verhältnis von Sozialdemokratie und Mittelschichten demnächst die Freiburger Dissertation von D. Jung. Über die Wirtschaftspolitik der SPD zur Zeit der Weltwirtschaftskrise bes. R.A. Gates, German Socialism and the Crisis of 1929-33, in: CEH

Nachdem es 1918/19 nur zu einem unvollkommenen Bruch mit der Welt des Obrigkeitsstaates gekommen war, fiel es der SPD schwer, sich voll und ganz mit der Republik zu identifizieren. Im Grunde zog sie die Rolle der Opposition derjenigen einer Regierungspartei vor. Sie blieb Verhaltensmustern verhaftet, die aus der vorparlamentarischen Zeit stammten: Selbst wenn eigene Genossen Ministerposten bekleideten, verharrte die Fraktion in kühler Distanz zur Regierung. Mehr als einmal desavouierte die Partei ein von ihr mitgetragenes Kabinett, dreimal – 1922, 1923 und 1930 – mit der Folge, daß die Regierung stürzte. Es war, als ob die sozialdemokratische Reichstagsfraktion die Arbeitsteilung aus der Zeit des Kaiserreiches in der Republik wiedererstehen lassen wollte: Die Regierung regiert, der Reichstag kritisiert[62].

Ideologischer Konservativismus hat das Verhalten der Sozialdemokratie geprägt, ob ihre Rolle 1918/19

7. 1974, 332-59; ders., Von der Sozialpolitik zur Wirtschaftspolitik? Das Dilemma der deutschen Sozialdemokratie in der Krise 1920-1933, in: H. Mommsen, D. Petzina, B. Weisbrod (Hg.), Industrielles System u. politische Entwicklung in der Weimarer Republik, Düsseldorf 1974, 206-25.

62 Zur Rolle der SPD in der Weimarer Republik: R. Hunt, German Social Democracy 1918-1933, Chicago 1970; G.A. Ritter, Kontinuität u. Umformung des deutschen Parteiensystems 1918-1920, in: ders., Arbeiterbewegung, Parteien, 116-57; S. Miller, Die Sozialdemokratie in der Spannung zwischen Oppositionstradition u. Regierungsverantwortung in den Anfängen der Weimarer Republik, in: H. Mommsen (Hg.), 84-105; H. Mommsen, Die Sozialdemokratie in der Defensive: Der Immobilismus der SPD u. der Aufstieg des Nationalsozialismus, ebd., 106-33; H. Schulze, Die sozialdemokratischen Parlamentsfraktionen im Reich u. in Preußen 1918-1933, in: VfZ 26. 1978, 419-32.

eine revolutionäre oder in den Jahren danach eine parlamentarische war. Dieser Konservativismus kann nicht einfach als subjektives Fehlverhalten gedeutet werden. Die Entscheidungen und Nichtentscheidungen der führenden Sozialdemokraten müssen gesehen werden auf dem Hintergrund von Verhältnissen, die sich zu einem guten Teil dem Einfluß der Akteure entzogen. Dazu gehören auch ideologische Traditionsbestände, die ihrerseits Ausdruck besonderer gesellschaftlicher und politischer Bedingungen waren. Eine andere internationale Konstellation und eine andere weltwirtschaftliche Entwicklung hätten es der Weimarer Republik wohl erleichtert, mit ihren Geburtsfehlern fertig zu werden. Die zweite deutsche Demokratie ist vor allem deshalb so viel stabiler als die erste, weil sie sich unter den Vorzeichen eines langanhaltenden wirtschaftlichen Wachstums entwickeln konnte und von den westlichen Siegern schon einige Jahre nach Kriegsende als Partner akzeptiert wurde. Zudem hat die alliierte Besetzung verhindert, daß sich 1945 wiederholte, was 1918 eintrat: die Kompromittierung der deutschen Demokraten durch Kompromisse mit den Machthabern des vorangegangenen Regimes[63].

Die Französische Revolution von 1789 gilt gemeinhin als eine erfolgreiche demokratische Revolution, obwohl ihr das Empire Napoleons, die bourbonische Restauration und der Achtzehnte Brumaire des Louis

63 Dies ist die überzeugende These R. Löwenthals in seiner Einleitung zu Eliasberg, 9-21. Vgl. auch ders., Bonn u. Weimar: Zwei deutsche Demokratien, in: H.A. Winkler (Hg.), Politische Weichenstellungen im Nachkriegsdeutschland 1945-1953. GG, Sonderheft 5.1979.

Bonaparte folgten. Die deutsche Revolution von 1918/19 gilt als gescheitert, weil am 30. Januar 1933 die Nationalsozialisten die Macht übernahmen. Könnte man nicht argumentieren, daß es des Sturzes der Monarchie bedurfte, um die parlamentarische Demokratie überhaupt erst politische Wirklichkeit werden zu lassen, und daß darum der 9. November 1918 – trotz allem, was ihm fehlte und was ihm folgte – ein historischer Meilenstein ist auf dem Weg vom Obrigkeitsstaat zur Demokratie[64]? Es ist wahr, daß alle Forschung zur Geschichte der Weimarer Republik unter der Frage nach den Ursachen ihres Zusammenbruchs steht[65]. Aber sechzig Jahre nach der Revolution von 1918/19 sollte die Perspektive des Jahres 1933 nicht mehr die einzige sein, aus der wir die Entstehung der ersten deutschen Demokratie betrachten.

64 Der Sturz der Monarchie in Deutschland war 1918 unvermeidbar, weil das Haus Hohenzollern sich nicht aus seinem feudal-militärischen Ambiente herauslösen ließ. Die Hoffnung der seit Oktober 1918 mitregierenden Sozialdemokraten um Ebert, das Deutsche Reich könne sich zu einer parlamentarischen Monarchie englischen Musters entwickeln, zerbrach an dieser Tatsache. Daß die Throne von rebellierenden Massen gestürzt wurden, reicht aus, um dem Übergang zur Republik die Qualität einer Revolution zu verleihen: Das Ende des monarchischen Obrigkeitsstaates bleibt eine tief einschneidende Tatsache der deutschen Geschichte. Die in der Literatur gelegentlich geäußerte Meinung, es habe sich 1918 in Deutschland eher um einen Zusammenbruch als um eine Revolution gehandelt (so etwa H. Herzfeld, Die moderne Welt 1789-1945, Bd. 2, Braunschweig 1957[2], 184), ist nicht haltbar. Wissenschaftlich nicht diskussionswürdig ist die These von der durch die Sozialdemokraten „verratenen Revolution" – eine These, die von der marxistisch-leninistischen Geschichtsschreibung bis heute vertreten wird und von Sebastian Haffner (Die verratene Revolution in Deutschland 1918/19, Bern 1969) in bemerkenswert undifferenzierter und polemischer Weise übernommen worden ist.

65 Erdmann, Geschichte, 5.